BIENVENIDA A LOS
CASTILLOS DEL LOIRA

Castillo de Azay-Le-Rideau.

Chambord, Valençay, Blois, Saint-Aignan, Chenonceau, Amboise, Azay-le-Rideau, Chinon, Saumur, Angers, Le Plessis-Macé... ¡son tantos los castillos famosos levantados por los reyes siguiendo el curso serpenteante del río Loira y sus afluentes! Su noble arquitectura, de pizarra y piedra, te llamará la atención al tomar cualquier recodo de la carretera a lo largo de este Loira dócil y despreocupado. Alrededor de estos castillos, a veces delicados, a veces imponentes, anidan ciudades acogedoras y prósperas. Tus pasos resonarán sobre los viejos adoquines que pisaron Juana de Arco, Francisco I o Luis XIV. Al pasear por una callejuela, tus ojos se posarán en un frontón, una moldura, una ménsula, un emblema que recuerde el orgullo de estos reyes y constructores de castillos. Sobre el río real, los gabarras te mostrarán los arenales del Loira, tan lánguidos y tan traicioneros a veces, y la fauna, mientras tú te abandonas a seguir la rápida corriente de agua bajo los puentes. ¡Quizás tengas el privilegio de admirar una puesta de sol! Te encantará detenerte en los numerosos restaurantes y darte un festín de productos locales de temporada, verduras y frutas cultivadas por los hortelanos de los valles. Y, por supuesto, ¡podrás regarlo todo con unos buenos vinos del valle del Loira! Las viñas crecen en las laderas circundantes y producen deliciosos *crus*: Menetou-Salon, Cheverny, Vouvray, Montlouis, Chinon, Bourgueil y Champigny. Déjate guiar y recorre la bella historia de los reyes de Francia que tanto amaron el Loira y lo hicieron brillar en todo el mundo.

AF276493

Visita familiar al castillo de Chambord.

Castillo de los duques de Anjou, en Angers.
© ALTITUDEDRONE - FOTOLIA

ÍNDICE

GRATIS **ESTA GUÍA EN FORMATO DIGITAL**
Código de descarga en la página 97

CASTILLOS DEL LOIRA

EURE

YVELINES

ESSONNE

SENA Y MARNE

EURE Y LOIR

hacia Paris
hacia Étampes

hacia Paris

• Pithiviers

• Ingrannes

Ferrières-en-Gâtinais

hacia Chartres

ORLEANS

Montargis

Trigueres

LOIRET

Castillo de Meung-sur-Loire

• Jargeau

• Lorris

Nogent-sur-Vernisson

• Beaugency

Castillo de Châteauneuf-sur-Loire

• Sully-sur-Loire

Châtillon-Coligny

LOIR Y CHER

Castillo de Beaugency

• La Ferté-St-Aubin

Castillo de Sully-sur-Loire

Gien

Castillo de Blois

Castillo de Chambord

Castillo de Gien

Châtillon-sur-Loire

BLOIS

Lamotte-Beuvron

Castillo de Chaumont-sur-Loire

hacia Nevers

Castillo de Cheverny

Romorantin-Lanthenay

Salbris

hacia Bourges

Castillo de Amboise

Montrichard

La Ferté-Imbault

hacia Bourges

Castillo Chenonceau

St-Aignan

hacia Bourges

Castillo de Montpoupon

hacia Châteauroux

hacia Clermont-Ferrand

Castillo de Loches

hacia Châteauroux

CHER

INDRE

N
O   E
S

0   40 km

Plaza Plumereau de Tours
© ALEXANDRE BLOND

DESCUBRE

IMPRESCINDIBLES

Indre y Loira

■ **CASTILLO
DE AZAY-LE-RIDEAU**

Balzac, 19, Azay-le-Rideau
℃ 02 47 45 42 04
www.azay-le-rideau.fr

Levantado sobre pilotes en el corazón de una isla del río Indre, el castillo de Azay-le-Rideau fue construido entre 1518 y 1527, y representa a la perfección el nuevo ideal renacentista. Ha sido restaurado en todo su esplendor arquitectónico en 2017 (tras tres años de obras). Fue adquirido por el Estado francés en 1905 y está clasificado como Monumento Histórico desde 1914. Las torrecillas y la fachada neorrenacentista, que se reflejan en el río Indre, revelan un espíritu romántico y bucólico, magníficamente evocado por Balzac en su novela *El lirio en el valle*.

Construido durante el reinado de Francisco I en las tierras de Gilles Berthelot, financiero del rey, el castillo sustituyó a una fortaleza medieval del siglo XII. Bajo la supervisión de la esposa de Berthelot, Philippe Lesbahy, se dotó al edificio de una armoniosa combinación de elementos tradicionales franceses con arte italiano, representando el primer Renacimiento francés. La evolución arquitectónica a lo largo de los siglos se ha integrado sin mezclar estilos, lo que convierte a Azay-le-Rideau en una rara joya.

Al igual que en el castillo de Chambord, la escalera, una de las primeras con barandilla recta de Francia, es una obra maestra. Los salones, la sala de billar y la Grande Salle están elegantemente amueblados e ilustran a la perfección el arte de vivir en el siglo XIX. Gracias a una colaboración con el Mobilier National, ha sido posible restaurar la decoración de las salas de la planta baja. El dormitorio renacentista, con sus esteras de junco trenzadas que recubren las paredes para aislar la habitación del frío, supone una verdadera inmersión en el siglo XVI. El espacio abuhardillado, la estructura de madera, los muebles de época y los elementos decorativos añaden una dimensión envolvente. En la sala del lagar se ofrece una introducción a la visita con herramientas digitales interactivas, mezclando el pasado y el presente.

La visita al castillo se extiende a los jardines, un entorno verde de ocho hectáreas también declarado Monumento Histórico por su colección de árboles bicentenarios. Pasarelas y pequeños puentes que cruzan el río confieren a estos jardines un ambiente romántico. El parque, con su huerto igual al que tenía la familia Biencourt, propietaria del lugar de 1791 a 1882, invita a un paseo bucólico y a una inmersión en la flora regional de antaño.

El castillo de Azay-le-Rideau celebró en 2025 su quinto centenario.

■ **CASTILLO
DE CHENONCEAU**

℃ 02 47 23 90 07
www.chenonceau.com

La suntuosa arquitectura del castillo de Chenonceau se debe a las grandes damas de Francia, que lo enriquecieron sucesivamente y lo convirtieron en uno de los mejores ejemplos del refinamiento francés. Marguerite Yourcenar escribió sobre este inolvidable castillo: «Su encanto, casi discreto, es el de una residencia privada y, por casualidad, era sobre todo una residencia para mujeres.» Apodado *château des Dames* (castillo de las damas), debe su fama sobre todo a Diana de Poitiers, amante del rey Enrique II. Tras la muerte de su padre en 1547, el joven rey cedió el castillo a su favorita, que vivió allí durante los doce años siguientes. Decidida a dejar una huella indeleble de su paso, Diana de Poitiers transformó el castillo y lo dejó tal y como lo conocemos hoy. Fue ella quien emprendió la construcción del famoso puente sobre el río Cher, una proeza arquitectónica de la época. Jinete y cazadora apasionada, encargó al arquitecto Philibert Delorme la creación de nuevos jardines y la ampliación del coto de caza. Cuando, tras la muerte de Enrique II, Catalina de Médici se convirtió en regente y recuperó el castillo, añadió dos galerías superpuestas y siguió embelleciendo los jardines. Entre las mujeres que contribuyeron a hacer de Chenonceau una de las maravillas del patrimonio francés, cabe citar también a Louise Dupin, que en el siglo XVIII invitó a escritores y filósofos al castillo y lo salvó durante la Revolución Francesa. En el siglo siguiente, una tal Marguerite Pelouze, propietaria entre 1864 y 1889, se comprometió a devolverle su esplendor del siglo XVI, hasta el punto de endeudarse. Durante la Primera Guerra Mundial, el monumento se convirtió en hospital bajo la égida de Simone Menier, enfermera jefe. Por último, pero no por ello menos importante, fue una mujer quien lo diseñó.

Castillo de Chenonceau.

Katherine Briçonnet supervisó su construcción, financiada por la fortuna de su marido, Thomas Bohier, y tomó las decisiones arquitectónicas mientras él luchaba con Francisco I en las Guerras italianas. Construido según los planos de un palacio veneciano, este coloso de piedra que cruza el río es el único puente-castillo del mundo. Su elegancia se refleja en las habitaciones, todas magníficamente amuebladas y decoradas. Tapices y pinturas de grandes maestros rememoran su espléndida historia. Algunas de sus estancias más destacadas son:

▶ **La capilla:** lamentablemente, las vidrieras originales fueron destruidas durante la Segunda Guerra Mundial, pero aún se puede admirar una reproducción que data de 1954. La galería real que domina la nave data de 1521. La capilla se salvó durante la Revolución Francesa gracias a Louise Dupin, que la transformó en almacén de madera.

▶ **El dormitorio de Diana de Poitiers:** en los aposentos privados de la favorita del rey Enrique II se puede contemplar una magnífica chimenea de Jean Goujon, restaurada posteriormente por Mme. Pelouze, y dos grandes tapices de Flandes del siglo XVI.

▶ **La galería de la planta baja,** conectada por un pasadizo al dormitorio de Diana de Poitiers, se inauguró en 1577. Catalina de Médici celebraba aquí sus consejos. Fíjate en la longitud de la sala, sesenta metros, y piensa que, cuando terminaban de hacer sus peticiones a Catalina de Médici, sentada en su trono al fondo de la galería, ¡los ministros tenían que abandonar el recinto caminando hacia atrás! La regente también organizaba suntuosas fiestas en la galería, a la que hizo añadir un segundo piso.

▶ **El gabinete verde.** Catalina de Médici gobernaba su reino desde este estudio. Aquí se puede admirar una impresionante colección de cuadros y tapices de Bruselas del siglo XV.

▶ **Las cocinas,** alojadas entre los pilares del puente, incluyen la chimenea más grande del castillo, que data del siglo XVI, una despensa, una carnicería y un comedor.

No olvides visitar la **farmacia de la Reina** en el Bâtiment des Dômes (edificio de las Cúpulas), única en su género en un castillo del Loira.

El mismo refinamiento se aprecia en los suntuosos jardines. Visita los jardines de Diana de Poitiers y Catalina de Médici, así como el Jardin Vert y un jardín secreto «Homenaje a Russell Page». También encontrarás un laberinto italiano y el Potager des Fleurs, que abastece al taller floral. En los jardines del castillo crecen cerca de 32 000 plantas, que se cuidan a mano, como en la época de las grandes damas. La maestría de Jean-François Boucher (florista del MOF) y sus equipos se despliega en ramos por todo el castillo: todos los días se añaden flores frescas de temporada para embellecer las estancias del edificio. El jardín de plantas medicinales colabora con la farmacia.

El Gabinete de las Ciencias alberga una colección de instrumentos pedagógicos originales del siglo XVIII creados en Chenonceau. El famoso tutor del hijo de Louise Dupin, Jean Jacques Rousseau, fue contratado para enseñarle ciencias. Este gabinete de curiosidades también se encuentra en el Bâtiment des Dômes.

■ **CASTILLO REAL DE AMBOISE**
Plaza Michel-Debré
℡ 02 47 57 00 98
www.chateau-amboise.com
Construido entre los siglos XV y XVI, este castillo pasó a formar parte de la corona francesa en 1431. Durante casi dos siglos estuvo íntimamente ligado a la gran historia de Francia y fue testigo de numerosos acontecimientos significativos. Acondicionado por el rey Carlos VIII y su esposa Ana de Bretaña entre 1492 y 1497, se convirtió en la residencia del joven Francisco de Angulema, futuro rey Francisco I. Este monarca ejerció una gran influencia sobre el castillo y la ciudad, y dejó su impronta en la época y en el estilo renacentista. En particular, ordenó elevar la fortaleza a residencia real. Fue también por invitación suya que el famoso pintor e ingeniero italiano Leonardo da Vinci viniera a Amboise. Pasó aquí los tres últimos años de su vida, antes de morir, según

la leyenda, «en brazos del rey». Esta leyenda fue plasmada sobre un lienzo por François-Guillaume Ménageot, y la obra está expuesta en el castillo. El genio italiano fue enterrado inicialmente en la gran colegiata de Saint Florentin, pero desde 1874 descansa en la capilla de Saint-Hubert, considerada una de las obras maestras del estilo gótico flamígero. Tras más de dos años y medio de obras, la capilla ha vuelto a abrir sus puertas a los visitantes, y hoy pueden contemplarse de nuevo su campana, muda desde hace 150 años, su chapitel y sus dorados, su armazón y sus vidrieras de los siglos XVIII y XIX. Las decoraciones esculpidas que representan plantas y animales entrelazados se han restaurado majestuosamente. El magnífico dintel de piedra toba del siglo XVI, con figuras y animales muy detallados, ha recuperado toda su blancura y luminosidad: hay muchos pequeños detalles que descubrir. La morada real, ricamente amueblada, se ha enriquecido recientemente con diversas obras de arte que datan de los siglos XIV al XIX. También puedes utilizar el HistoPad (realidad aumentada) para explorar las habitaciones y las cámaras del castillo tal como eran durante la época del Renacimiento. Y no olvides que pueden realizarse visitas guiadas continuamente durante todo el verano, sin coste adicional. Por último, desde la cima del castillo podrás disfrutar de una vista panorámica única, de 360 grados, sobre el valle del Loira, declarado Patrimonio Mundial por la Unesco. También se organizan aquí numerosos eventos, especialmente en verano: visitas nocturnas a la luz de las velas, un recorrido bajo el castillo, festivales, conciertos y espectáculos nocturnos con disfraces, desayunos en el jardín, pícnics panorámicos en los jardines...

■ FORTALEZA REAL DE CHINON ★★★

℃ 02 47 93 13 45
www.forteressechinon.fr

Situada sobre un espolón rocoso en los límites entre Anjou, Turena y Poitou, la fortaleza real de Chinon evoca las épocas más gloriosas de la Edad Media. Último refugio de Enrique II Plantagenet, rey de Inglaterra, sus murallas milenarias han acogido a algunos de los más grandes

Histopad en la Fortaleza Real de Chinon.

personajes de la historia de Francia, como Leonor de Aquitania, Carlos VII o Juana de Arco, en momentos cruciales del devenir de este país. Los «tres castillos», que constituyen la única fortaleza real medieval del valle del Loira, desvelan ahora sus secretos a través de reconstrucciones y divertidas actividades con el HistoPad. Esta tableta, que te ofrecerán sin coste adicional, permite explorar las estancias amuebladas en diferentes épocas, así como visualizar la vida del lugar y sus diversas transformaciones a lo largo del tiempo, incluyendo estancias hoy desaparecidas. Visitar la fortaleza real de Chinon permite seguir los pasos de Juana de Arco, comprender el funcionamiento de una máquina de guerra o admirar unas magníficas vistas panorámicas del valle del Loira, con la ciudad a sus pies, el Vienne y la verde campiña.

La fortaleza real de Chinon acoge a lo largo del año una amplia gama de eventos, como exposiciones, Monument Game, catas de vino y talleres infantiles. Sin olvidar la reconstrucción fielmente amueblada de los aposentos reales: el de Carlos VII y el de Leonor de Aquitania.

Loir y Cher

■ CASTILLO DE CHAMBORD ★★★★
Chambord
☎ 02 54 50 40 00
www.chambord.org

Mucho más que un castillo, Chambord es una joya de la arquitectura y la naturaleza, nacida del sueño de Francisco I e inspirada por Leonardo da Vinci. Símbolo de la resurrección perpetua, es el mayor castillo renacentista que se conserva intacto. Emblema del Renacimiento francés, es indisociable de su entorno natural, el bosque. Con sus 5440 hectáreas y 32 kilómetros de murallas, la finca nacional de Chambord es el mayor parque cerrado de Europa.

Con el castillo de Chambord, Francisco I no pretendía construir una nueva residencia permanente: quería crear un escaparate para deslumbrar al resto del mundo, asentar su soberanía y dejar huella para la posteridad. En los 32 años de su reinado, este monarca solo pasó 42 días aquí. El castillo estuvo vacío de muebles y personas la mayor parte del tiempo, a excepción de los obreros que trabajaban en él. Chambord tan solo cobraba vida cuando llegaba el rey, con gran pompa, con su corte y sus muebles. Para dar al castillo el aspecto que tenía durante las visitas de Francisco I, fue necesario idear una treta: las habitaciones están ahora amuebladas con una mezcla de mobiliario de época y reproducciones contemporáneas, creadas respetando los conocimientos históricos para evocar, con la mayor fidelidad posible, la vida durante este periodo. A lo largo de los siglos, el castillo, demasiado alejado de los lugares de residencia habituales de los soberanos franceses, fue abandonado por las autoridades y, al final, apenas fue habitado. Al igual que Francisco I, los reyes posteriores no vivieron allí, y no emprendieron ninguna obra en el castillo. En cierto modo, fue la gente la que hizo suyo el lugar, como demuestran los miles de grafitis, algunos de los cuales fueron realizados incluso antes de que el castillo estuviera finalizado. Así, los muros de Chambord cuentan una historia paralela, de cinco siglos, grabada en la blanda piedra de toba.

© MEDIIF

Castillo de Chambord.

DESCUBRE

Aunque descuidado por los soberanos, el castillo nunca dejó de cautivar, y hoy sigue siendo una de las joyas más bellas del patrimonio francés. Francisco I se rodeó de los mejores artistas, intelectuales e inventores de su época para crear una obra deslumbrante y misteriosa que mezcla elementos de los estilos renacentista y gótico, al tiempo que deja entrever un toque verdaderamente moderno. La sombra de Leonardo da Vinci se cierne sobre la pieza central: su soberbia escalera de doble caracol. Situada en el centro de la torre del homenaje, que fue el primer edificio erigido en 1519, esta doble escalera de caracol presenta dos tramos entrelazados que pueden subirse en paralelo sin encontrarse nunca, y un núcleo hueco perforado por indiscretas ventanas.

▶ **Los jardines.** Dos grandes ejes se extienden a ambos lados del castillo, ofreciendo una magnífica perspectiva: la mirada se dirige hacia ellos, y el castillo parece entronizado en el centro... Aunque Chambord nunca ha sido un castillo jardín, las plantas desempeñan un papel importante, también en las esculturas y decoraciones interiores.

Desde 2017, la finca cuenta con unos magníficos jardines formales. Gracias a un gran trabajo de investigación, los visitantes pueden contemplar ahora una reproducción, centímetro a centímetro, del jardín de recreo tal y como era en 1734.

▶ **El parque.** Catalogado como Monumento Histórico, para algunos, el castillo de Chambord fue concebido principalmente como un pabellón de caza. De las 5440 hectáreas del parque, ochocientas están abiertas al público. Aún hoy, los paseos por la zona ofrecen la oportunidad de encontrarse con zorros, ciervos, muflones, jabalíes y multitud de especies de aves que saldrán a saludarte. Lo mejor: durante la época de berrea, los ciervos de la finca ofrecen un espectáculo fascinante.

© PEDRO SALAVERRÍA

Castillo de Cheverny.

■ CASTILLO DE CHEVERNY ★★★★

Avenida del Castillo
℡ 02 54 79 96 29
www.chateau-cheverny.fr

Cheverny no es solo un monumento que visitar, sino también una casa familiar. Esta magnífica propiedad pertenece, desde hace más de seis siglos, a la misma familia, los Hurault de Vibraye. Los actuales propietarios, los marqueses de Vibraye, perpetúan fielmente este largo legado de la forma más hermosa: viviendo aquí. Ocupan una de las alas de los mayores castillos privados aún habitados del valle del Loira, y abren el resto al público para una visita muy distinta de la de las grandes residencias reales. Desde el momento en que se entra, se tiene la impresión de que se trata de un castillo vivo, y esta sensación se ve reforzada a lo largo de la visita por el ambiente que reina aquí.

De la primera fortaleza, construida hacia 1500, quedan muy pocos vestigios. Fue sustituida en 1624 por esta joya de la arquitectura clásica, toda ella realizada en piedra de Bourré, la piedra de toba excepcionalmente fina que se endurece y blanquea con el tiempo. Adornada con bustos de emperadores romanos, su fachada admirablemente simétrica se reconoce al instante. La armonía continúa en el interior, con la extraordinaria gran escalera Luis XIII, las esculturas, los cuadros y, por supuesto, los muebles.

Cheverny sirvió de modelo a Hergé, que se inspiró en su parte central para diseñar el castillo del capitán Haddock, Moulinsart. ¡Incluso el peldaño roto de la gran escalera de *Las joyas de la Castafiore* se inspira en Cheverny! Esta estrecha relación ha llevado a la finca a inaugurar una exposición permanente que sumerge a grandes y pequeños en el universo de Tintín. No te pierdas la obra de Jean Mosnier, un precursor del cómic, que en el siglo XVII reprodujo las aventuras de Don Quijote en treinta y cuatro paneles.

Si el interior es notable, el exterior no lo es menos, con su parque de árboles centenarios que se puede recorrer en barco o en coche eléctrico, y sus seis jardines temáticos: el huerto, el jardín del amor, el jardín de los aprendices, el jardín de los tulipanes, con sus quinientas mil flores, el jardín dulce con su huerto lleno de sabores y el laberinto, que permite perderse entre los laureles.

 **CASTILLO REAL DE BLOIS** ⭐⭐⭐⭐

Plaza del Castillo
✆ 02 54 90 33 33
www.chateaudeblois.fr

Situado a las puertas del valle del Loira, el Castillo Real de Blois invita a descubrir la historia y la arquitectura de los castillos de la región. Alrededor del patio, dominado por la majestuosa escalera de Francisco I, realizarás un viaje en el tiempo. Cuatro estilos arquitectónicos se codean: el poderoso gótico de los Estados Generales, las refinadas influencias italianas del ala Luis XII, el deslumbrante Renacimiento del ala Francisco I y el majestuoso clasicismo de Mansart.

Este castillo, antigua residencia de siete reyes y diez reinas, sumerge al visitante en la vida y las intrigas de palacio. Los pisos, suntuosamente decorados y amueblados, dan testimonio del esplendor de la corte de la época. En el exterior, una estatua ecuestre de Luis XII y la colorida fachada son los símbolos históricos y estéticos del lugar.

Para una aventura fuera de lo común, la «visita insólita» te permitirá conocer zonas cerradas al público en general. El nuevo recorrido interactivo en 3D te sumerge en la historia del castillo, mientras que el Museo de Bellas Artes presenta una colección reinventada. Cada año, exposiciones temporales rinden homenaje a los personajes y acontecimientos que han dejado huella en este lugar excepcional.

Y cuando cae la noche, un espectáculo de luz y sonido se apodera de las fachadas del castillo, transformándolas en un teatro de vibrantes historias.

 FINCA DE CHAUMONT-SUR-LOIRE ⭐⭐⭐

Argillons
✆ 02 54 20 99 22
www.domaine-chaumont.fr

Eudes I, conde de Blois, construyó una primera fortaleza a finales del siglo X para vigilar el Loira y proteger las fronteras de sus territorios ante los ataques de sus belicosos vecinos, los condes de Anjou. Su hijo menor, Eudes II, tuvo que luchar contra el impetuoso Foulques Nerra, un guerrero tan cruel con sus enemigos como ferviente creyente, que viajó cuatro veces a Tierra Santa e hizo construir diversos monasterios para expiar sus innumerables crímenes y pecados. Aunque este primer castillo resistió cuatro siglos de guerras y enfrentamientos, fue arrasado por un rey igualmente célebre por su crueldad, Luis XI. Reconstruido a partir de 1469 por la familia d'Amboise, se terminó hacia 1510, dando lugar a este nuevo castillo de refinada elegancia. Catalina de Médici se lo regaló a su rival, Diana de Poitiers, a cambio de Chenonceau. En el siglo XVIII, el ala norte fue demolida para darle su aspecto actual... y una de las mejores vistas del valle del Loira. Sus muros centenarios han acogido a personalidades como Benjamin Franklin y Madame de Staël. Los edificios de la granja modelo y de la escuela de equitación de las Grandes Écuries albergan hoy numerosas exposiciones de artistas contemporáneos, que también pueden contemplarse

DESCUBRE

en el soberbio parque y en el castillo. Esta sorprendente presentación de todas las facetas del arte moderno supone una excelente introducción antes de sumergirse en el encantador mundo del Festival Internacional de Jardines, donde los artistas invitados rivalizan en creatividad para plasmar emociones y conceptos en rincones de la naturaleza cada vez más extraordinarios. Cada parcela es una obra asombrosa, y la combinación de las plantas y las piedras es un éxito en cada curva del camino. Junto a estas creaciones efímeras, los jardines perennes, situados en distintos puntos del parque, prolongan el placer del espectador. El *vallon des brumes* (valle de las brumas), con su agradable frescor en verano, es una visita obligada y un bienvenido cambio de aires.

Pandas en el parque zoológico de Beauval.

■ PARQUE ZOOLÓGICO DE BEAUVAL ★★★★
Avenida du Blanc
Saint-Aignan
☎ 02 54 75 50 00
www.zoobeauval.com

Hace cuarenta años se creó el pequeño parque ornitológico de Beauval en el corazón de la región de Loir y Cher. Con el paso de los años, ha ido creciendo con las verdes llanuras, entre ellas la dedicada a los elefantes; la llanura asiática dedicada a los rinocerontes, antílopes y tapires; luego el vivero en el invernadero tropical de los grandes simios, al que se añadieron el invernadero de los gorilas y manatíes con el estanque de las pirañas; el estanque de los koalas y los canguros, y un acuario. Con los estanques panorámicos de los leones marinos y los pingüinos, las islas para los lémures y la zona dedicada a los animales provenientes de China, de las pampas sudamericanas y de la sabana africana, la superficie del zoológico ha crecido hasta las cuarenta hectáreas. Persiguiendo su sueño hasta el final, la fundadora del lugar creó uno de los zoológicos más bellos del mundo, que alberga cerca de 35 000 animales y ochocientas especies en unas instalaciones extraordinarias. Así se creó el ZooParc, donde una especie en particular ha otorgado personalidad a Beauval: el panda gigante. Beauval cuenta con una clínica veterinaria única en Europa, verdadero motor de la investigación y la conservación de las especies animales. El ZooParc estudia soluciones para el desarrollo sostenible y la gestión ecorresponsable de su actividad. Beauval Nature apoya a la ONG Komodo Survivial Program (KSP), que ha firmado un memorando de entendimiento con la Oficina Central Indonesia para la Conservación de los Recursos Naturales que le permite supervisar y actuar para la protección del hábitat natural del dragón de Komodo,

© ZOOPARC DE BEAUVAL

amenazado por la expansión de las actividades humanas.

Loiret

■ CATEDRAL DE LA SANTA CRUZ

Plaza de la Santa Cruz, Orleans
✆ 02 38 24 05 05
https://www.cathedrale-orleans.fr/
Primero románica, después gótica y dedicada a la Santa Cruz, y finalmente reconstruida entre 1599 y 1829, esta catedral contiene restos que datan del siglo IV. Una de las capillas rinde homenaje a Juana de Arco, y su gran órgano procede de la abadía de Saint-Benoît-sur-Loire. Las cinco campanas del templo, situadas en la torre norte, pesan entre 640 y 6000 kilogramos. Un «paseo» por lo alto de las torres permite contemplar la ciudad y el entorno, con el Loira corriendo cerca. Y no olvides admirar la fachada, tan bellamente representada por el pintor Maurice Utrillo (1883-1955).

Maine y Loira

■ CASTILLO DE ANGERS

Paseo de Bout-du-Monde, 2
✆ 02 41 86 48 77
www.chateau-angers.fr
Esta fortaleza del siglo XIII, construida en la cima de una colina de pizarra que ofrece unas vistas ininterrumpidas sobre Angers, alberga varios edificios medievales y diversos jardines, como un huerto, un jardín de plantas colgantes, una rosaleda, un viñedo y un jardín de hortensias. También podrás admirar aquí el tapiz del Apocalipsis, el más

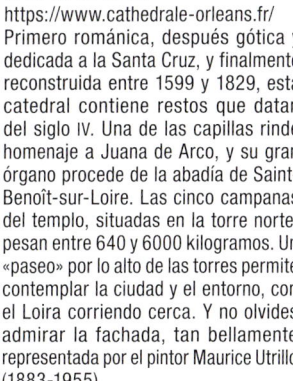

grande del mundo y declarado Patrimonio de la Humanidad por la Unesco: ¡cien metros de virtuoso tejido! Organizan visitas temáticas durante todo el año. Se accede por el magnífico paseo del Bout du Monde («del fin del mundo «).

■ CASTILLO DE BRISSAC

Jeanne Say, 1
✆ 02 41 91 22 21
www.chateau-brissac.fr
Autobús desde Angers: línea 405 - Brissac-Quincé, parada en la calle de L'Aubance.
Situado a quince kilómetros de Angers, el castillo de Brissac es el más alto de Francia. Sus siete plantas le han valido el sobrenombre de «el gigante del valle del Loira». Este antiguo castillo fortificado del siglo XI ha sido reconstruido y restaurado a lo largo de los siglos para preservar el legado histórico de esta impresionante residencia. De estilo medieval y renacentista, cuenta hoy con 204 habitaciones, la mayoría de las cuales siguen habitadas por sus propietarios, la familia del XIV duque de Brissac.
Las visitas, guiadas o libres (aproximadamente una hora y cuarto), conducen a los visitantes a través de un rico interior en excelente estado de conservación. Empezando por el gran salón, en el que se exhiben muebles, cuadros y fotos, se pasa al comedor, donde se diría que la mesa está a punto para las recepciones más grandiosas de los duques. Tras subir las escaleras, pasearás por la galería de cuadros y los dormitorios reconstruidos, antes de llegar a un teatro privado con capacidad para un centenar de personas, que data de la Belle Époque. La visita continúa en las bodegas del castillo, donde podrás disfrutar de una degusta-

Habitación del castillo de Brissac.

ción de vinos, antes de pasar al parque, con sus avenidas floreadas a la sombra de árboles centenarios.

No te pierdas la tienda y el salón de té, donde podrás completar una agradable jornada. Por último, si has caído rendido a los encantos de esta gran finca, puedes alquilar una habitación para disfrutar de su entorno excepcional y de su situación ideal entre Angers y Saumur.

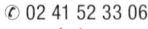 **CASTILLO DE MONTREUIL-BELLAY** ★★★

Plaza des Ormeaux

☎ 02 41 52 33 06

www.chateau-montreuil-bellay.fr

La estructura maciza y finamente cincelada de uno de los mejores castillos del valle del Loira se divisa desde lejos. Construido en tiempos de Hugo Capeto por uno de los leales al rey, Foulque Nerra, conde de Anjou, el castillo de Montreuil-Bellay ha sobrevivido a la Guerra de los Cien Años, a sucesivos asedios, a las guerras de religión, a la Revolución francesa (cuando fue prisión de mujeres monárquicas) y a la Primera Guerra Mundial (cuando se convirtió en hospital). Hoy, puedes conocer su historia en una visita libre por los interiores, los jardines, los alojamientos de los canónigos, las cocinas y las murallas. Descubrirás que la antigua torre del homenaje fue desmantelada para reutilizar sus piedras en otros edificios. En el interior: frescos monumentales, escaleras, una cocina medieval, dormitorios, el comedor y la sala de música amueblada... El exterior también se puede visitar: 650 metros de murallas, torres defensivas y pasarelas para los centinelas constituyen un mirador excepcional, ideal para no perderse nada de este castillo que combina las características de la Edad Media y el Renacimiento. También ofrecen una visita especial a sus entrañas, que te permitirá conocer mejor la función defensiva del edificio. Por último, esta fortaleza cuenta con varias hectáreas de viñedos que producen, en particular, vinos de las denominaciones de origen Crémant de Loire y Cabernet-d'Anjou, que pueden degustarse o comprarse allí mismo.

NATURALEZA

GEOGRAFÍA

La reputación del valle del Loira se ha visto reforzada al ser catalogado por la Unesco como Patrimonio de la Humanidad, aunque ya la había adquirido antes gracias a la riqueza de sus paisajes, sus lugares históricos y sus museos. El valle, que limita al norte y al sur con las grandes llanuras cerealistas de Beauce y Champagne Berrichonne, combina los viñedos con la producción de frutas y verduras. Las tierras menos ricas, como la Sologne, están cubiertas de grandes bosques aptos para la caza y el senderismo.

Clima

La región francesa de Centro-Valle del Loira presenta importantes diferencias climáticas en función de la distancia al océano Atlántico: el clima es templado, casi oceánico, en Turena y Anjou, más continental en el este, en Cher y Loiret. Beauce, protegido por las colinas de Normandía, es menos lluvioso. La Sologne, más húmeda, sufre inviernos más duros que hacen crepitar el fuego en los hoteles y casas rurales de los pequeños pueblos típicos de la región.

Relieve

▶ Un río y sus afluentes en un amplio valle flanqueado por laderas tapizadas por tierras de cultivo y bosques, con vistas de una orilla a otra del río, de una ladera a otra: este es el paisaje que encontrarás al visitar los castillos, todos ellos bañados por la característica luz que ilumina el río y sus alrededores durante todo el año y que ha inspirado a tantos poetas y pintores.

▶ **Curso del río y valles.** Entre Orleans y Angers, el valle está a menudo bordeado por pequeños acantilados de toba y piedra caliza. Imprevisible y salvaje, el Loira es propenso a crecidas espectaculares y a veces mortales, hasta el punto de que ha sido acondicionado con diques a lo largo de la mayor parte de su recorrido.

▶ **Geología.** La geología del conjunto de la región del Loira es muy variada. En Turena encontrarás los suelos típicos de la cuenca parisina, incluida la toba que ha dado fama a las construcciones locales, mientras que la zona de Anjou se divide en dos, con suelos calcáreos al este y esquistos de pizarra al oeste. La Sologne es la única región natural de Francia delimitada administrativamente. Casi tres cuartas partes de su superficie están cubiertas de bosques de caza, y sus numerosos estanques dan cobijo a una gran variedad de aves.

▶ **Hidrografía.** La región está dividida en dos cuencas, una que fluye hacia el Loira y otra hacia el Sena. Los principales afluentes del Sena que atraviesan la región Centro son el Eure, que fluye por el departamento de Eure y Loir, y el Essonne, que nace en el Loiret y se une al Sena en Corbeil. La mayoría del resto de los ríos de la región son afluentes y subafluentes del Loira.

- El Loira está inscrito como Patrimonio Mundial de la Unesco. Nace en Ardèche, en el monte Gerbier de Jonc, a 1430 metros de altitud. ¿Su caudal? El río más largo de Francia es imprevisible: sus espectaculares crecidas, como las de 1856 y 1866, pueden ser mortíferas.

Muy pronto se construyeron diques y presas con la esperanza de frenar las crecidas de este río real. Las playas e islas de fina arena dorada aparecen y desaparecen al capricho de la meteorología. Las arenas están en perpetuo movimiento, creando remolinos (de los que es imposible escapar), así como arenas movedizas.

FAUNA Y FLORA

Fauna

▶ **Mamíferos.** Entre la treintena de especies presentes en la región, se encuentran ciervos, corzos, jabalíes, pero también castores y nutrias en las orillas del Loira, ratas almizcleras y coipos de América, además de trece especies de murciélagos.

▶ **Reptiles.** Hay siete específicos, incluyendo la lagartija roquera y su contraparte, el lagarto de cristal.

▶ **Pájaros.** Son los señores de la fauna del valle del Loira, con no menos de 226 especies representadas. Consiguen su comida del río y de los innumerables estanques.

▶ **Peces.** Lucios, percas, sargos, lampreas y truchas están entre las cincuenta especies que nadan por la corriente del río o las aguas de los estanques. Las poblaciones de salmón se recuperan lentamente, mientras que el mújol coloniza el río hasta cuatrocientos kilómetros del océano.

© DAMIANKUZDAK · ISTOCKPHOTO

Ciervo rojo, en Bourges.

Flora

▶ **Bosques.** La región Centro-Valle del Loira es especialmente boscosa. En el departamento de Loir y Cher, por ejemplo, los bosques cubren un tercio del territorio. Los bosques de Russy, Boulogne, Blois, Frèteval y Marchenoir, en Loir y Cher, de Loches, Amboise y Chinon en Indre y Loira, y de Orleans en Loiret, son solo algunas de las zonas forestales de las que puede presumir la región.

Parques y reservas naturales

El Parque Natural del Loira-Anjou-Turena, creado en 1996 y situado a caballo entre las regiones del Centro (Indre y Loira) y Países del Loira (Maine y Loira), tiene una superficie de 270 800 hectáreas y se extiende por 141 municipios. El Loira ha esculpido valles, praderas e islas, mientras que el hombre ha modelado los contornos del *bocage,* los viñedos y los bosques. Al sur, una sucesión de mesetas salpicadas de nogales e intercaladas con pequeños valles húmedos forman un paisaje dedicado al cultivo de

© SOSOBUZUK – ISTOCKPHOTO

DESCUBRE

Paisaje de la región natural de Sologne.

cereales. Los macizos forestales (Chinon, Saumur, Fontevraud) y los páramos que ocupan las tierras más improductivas albergan ciervos, chotacabras y aguiluchos. Gracias a la habilidad de sus gentes, el patrimonio de la región incluye vinos tan famosos como los de Chinon, Bourgueil y Saumur.

EL CASO DE LAS SECUOYAS

Después de la derrota de Trafalgar, la búsqueda de especies de rápido crecimiento para reconstruir la flota francesa llevó a los botánicos viajeros a implantar nuevas especies en la región, incluyendo las inmensas secuoyas. El gusto por las colecciones llegó más tarde. En su hábitat natural, las secuoyas pueden alcanzar dimensiones asombrosas y vivir más de dos mil años. Pero, al no adaptarse al clima europeo, se ven debilitadas por las enfermedades. La Office National des Forêts (ONF) las tala una por una, caso por caso, antes de que se desate una tormenta y provoque más daños.

HISTORIA

El valle del Loira es un espacio de arte e historia, una ilustración perfecta de la evolución coherente de la humanidad y su entorno a lo largo de miles de años. Durante la Prehistoria, los valles del río y de sus principales afluentes, el Cher y el Indre, fueron utilizados como vías de paso y también como hábitat por los primeros humanos. Si bien algunos acontecimientos importantes de la historia han dejado poco rastro, como el primer fracaso de Atila, que se vio obligado a abandonar Orleans ante el avance de las tropas de Ftio antes de ser aplastado en los Campos Cataláunicos por los romanos, o la batalla de Poitiers en 732, que se dice que comenzó al sur de Tours, hay en cambio otros hechos históricos que siguen formando parte de la vida de los habitantes de la región. La presencia durante casi dos siglos de los reyes de Francia ha dejado los más bellos castillos del Renacimiento, los diques del Loira, destinados a limitar los daños de las inundaciones, o tradiciones como las fiestas en honor de Juana de Arco en Orleans.

PREHISTORIA

La ocupación humana de la región del Loira se remonta a un millón de años pero, mientras que los vestigios más antiguos, principalmente de piedra tallada, son bastante raros, los yacimientos que se remontan a unos 400 000 años, como el de las Grouais de Chicheray, ofrecen una gran riqueza de niveles prehistóricos, con restos de industrias líticas arcaicas y bifaces achelenses. Los yacimientos de minería de sílex se pueden encontrar a lo largo de los principales valles. Al sur de Loches se halla uno de los centros más importantes del mundo, tanto por la cantidad inimaginable de piedras talladas encontradas como por su calidad: el Grand Pressigny. Tres mil años antes de Cristo, los artesanos de la época explotaban una materia prima excepcional y creaban cuchillas de tal belleza que se han encontrado en tumbas de toda Europa como objetos que indican el rango social y el prestigio de sus propietarios. Junto a esta primitiva industria de lujo, numerosos monumentos megalíticos atestiguan la presencia humana. Hay unos treinta dólmenes y veinte menhires, pero también crómlechs, alineamientos de piedras y pulidores.

ANTIGÜEDAD

El flujo del comercio se invirtió durante la Edad de Bronce, y en el valle del Loira se han hallado numerosos objetos provenientes de Europa oriental y meridional. Sin embargo, aunque los objetos de gran lujo podían tener un origen lejano, la industria local seguía siendo muy activa, y se han encontrado moldes para la fabricación de hachas de bronce. Los rastros de estos antiguos intercambios pueden sugerir que en ese momento reinaba una cierta armonía, lo que permitía que el comercio se desarrollara. Pero los muchos escondites encontrados revelan un lado más oscuro de estos tiempos. En todas partes, los hombres se vieron obligados a enterrar sus pertenencias apresuradamente, y la multitud de depósitos encontrados indica que sus propietarios nunca volvieron para recuperarlos. En el período galo, algunas ciudades, como Genabum (Orleans) o Avaricum (Bourges), ya eran muy importantes. Una de las tribus locales particularmente beligerantes, los carnutes, enviaron un contingente a Alesia para luchar contra César. Bajo la dominación

romana florecieron muchas fincas agrícolas, tanto en Beauce como en Sologne, mientras se desarrollaban los edificios civiles: foros, termas, teatros (el de cien metros de diámetro en Neung sur Beuvron se utilizó hasta el siglo V) o una edificación cuya vocación no se ha identificado, los Mazelles de Thésée. La caída del Imperio romano supuso el comienzo de un largo y problemático período marcado por las invasiones bárbaras. Después de las tribus germánicas que venían del este y, a veces, incluso de mucho más lejos, como los hunos, la región vio llegar a invasores del sur, los árabes, que fueron detenidos al sur de Tours antes de su derrota final en Poitiers.

EDAD MEDIA

El debilitamiento del estado central permitió la aparición de la nobleza local y el feudalismo. Una de las principales figuras en el valle del Loira fue sin duda

Juana de Arco en Orleans.

Foulque Nerra, conde de Anjou. Su vida estuvo llena de luchas con sus vecinos, los condes de Blois y Vendôme o los de Bretaña. Este hábil y sangriento señor de la guerra saqueó ciudades, quemó monasterios, asesinó a sus prisioneros e incluso al favorito del rey en presencia del soberano. Hizo ejecutar a su esposa por no haberle dado un hijo. Siempre lleno de remordimientos, fundó multitud de abadías e iglesias. Para castigarse por sus crímenes más graves, peregrinó a Tierra Santa, y fue a la vuelta de la cuarta peregrinación cuando murió exhausto y enfermo en Metz. En cada una de sus campañas hizo construir fortalezas para apoyar el asedio de la ciudad codiciada. Es por ello que los rastros de su paso son incontables. Entre los más notables, solo en Turena se encuentran los castillos de Loches, Montbazon, Montrésor, Chaumont, Langeais o Montrichard.

JUANA DE ARCO Y ORLEANS

Viniendo de Tours por la Sologne, Juana de Arco entró en Orleans al anochecer del 29 de abril de 1429, tras cruzar el Loira en barco. En los días siguientes se le unieron refuerzos de Dunois. El 4 de mayo, el ejército francés tomó la bastilla de Saint-Loup. El 6 de mayo cayó el fuerte de los Agustinos después de un duro combate. Durante los asaltos del día siguiente, Juana resultó herida por un virote (una flecha de ballesta), pero la captura de las defensas inglesas al sur del Loira obligó a los ingleses a levantar el asedio tras sufrir grandes pérdidas. Este fue el comienzo de la reconquista francesa de las fortalezas inglesas en el Loira antes de la batalla de Patay, que fue decisiva en el curso de la Guerra de los Cien Años. Una de las calles de Orleans lleva el nombre de Isabelle Romée, madre de Juana de Arco, que vivió en Orleans desde 1440, tras la muerte de su marido. Muy unido a la figura de Juana, el pueblo de Orleans celebra su liberación cada año desde el 29 de abril al 8 de mayo.

DEL RENACIMIENTO A LA REVOLUCIÓN

El Renacimiento es la edad de oro del valle del Loira. Bajo el impulso de reyes como Francisco I, este periodo artístico se desarrolló aquí como en ningún otro lugar de Francia. Los castillos fortificados, destinados a la defensa, fueron sustituidos por perlas arquitectónicas entre las que Chambord es la joya más deslumbrante, aunque las más pequeñas, como Chenonceau, Amboise, Azayle-Rideau y muchos otros, constituyen las cuentas que completan un precioso collar.

La partida de los reyes a París sumiría a la región en un prolongado letargo, y algunas zonas, como la Sologne, solo despertarían bajo el impulso del rey Napoleón III.

DE LA REVOLUCIÓN AL SIGLO XXI

Tras la Revolución, la llegada del tren determinó la vida de la región. Las amplias conexiones ferroviarias que habían favorecido el crecimiento industrial de las grandes ciudades del valle del Loira permitirían la instalación de bases de retaguardia durante la Primera Guerra Mundial, tanto en Tours como en el sur de la Sologne, cerca de Romorantin, donde los estadounidenses ocuparían cientos de hectáreas para instalar fábricas de montaje de automóviles, trenes y aviones para abastecer el frente. Gracias a una planta de refrigeración, pudieron almacenar alimentos para millones de hombres. Estas enormes instalaciones se desmantelaron tras el conflicto y no volvieron a utilizarse durante la Segunda Guerra Mundial. Cortados por la línea de demarcación del Cher, los bosques de la región ofrecían refugio, durante esta guerra, a los maquis que introducían fugitivos en la zona libre y luchaban contra los invasores nazis. El castillo de Chenonceau, que había sido utilizado como hospital militar, se encontraba en la frontera entre las dos zonas y fue utilizado a menudo por la Resistencia para cruzar la frontera hacia la Francia libre. Chambord fue declarado Patrimonio de la Humanidad por la Unesco en 1981. Y en 2000, todo el valle del Loira, desde Sully-sur-Loire hasta Chalonnes-sur-Loire, fue inscrito en la lista de la Unesco por sus paisajes y castillos.

EN LA ACTUALIDAD

Cada comarca, cada ciudad, tiene sus historiadores locales, cuyo trabajo es precioso para no perder lo que hace la «pequeña historia», a veces tan emocionante como la grande. Pero sus publicaciones son a menudo demasiado serias para el lector común. Así pues, la colección *Les Polars du Gâtinais* es una feliz alternativa para los lectores interesados en el departamento francés de Loiret. Por supuesto, la fórmula de mezclar la intriga policial y la historia local no es nueva, pero las historias de detectives de Armelle Guégant son un verdadero éxito en el género. Sus tramas toman forma en el pueblo de Montargis y mezclan hábilmente la historia local y los personajes descarados. *Crime à la Société d'Emulation* permitió el descubrimiento de un monumento desconocido y muy extraño: la pequeña iglesia de Cortrat, entre Montargis y Châtillon-Coligny, una iglesia del siglo X que es uno de los edificios religiosos más singulares de la región Centro por los curiosos dibujos que decoran el dintel de piedra sobre su porche. *Les Héritiers de l'or rouge* evocaban el cultivo del azafrán en Pithiviers, en el marco de la búsqueda de la *Belle Elisabeth,* un cuadro firmado por Girodet. Vendido a un precio muy alto a la muerte del pintor de Montargis, y revendido una o dos veces después, este cuadro desapareció misteriosamente sin que se pueda decir si su precio inicial estaba justificado, o si ahora está en una colección privada o ha sido destruido. *Nuit, brouillard et solexine,* publicada en marzo de 2013, es de hecho la primera novela de Guégant. Pero la complicada trama obligó al autor a dejar el libro y retomarlo más tarde, ya con la pluma más afilada por los dos mencionados anteriormente. En él leerás sobre toda la saga que llevó a tres miembros de una familia de Courtenay, un pequeño pueblo al borde del Yonne, a convertirse en una dinastía de emperadores bizantinos. Como de costumbre, bajo la pluma de Armelle —que se basa en la investigación de Daniel Daix, un librero— la trama está bien desarrollada, esta vez con el telón de fondo de la búsqueda de un tesoro perdido —la mesa de oro de los emperadores de Constantinopla— y los secretos del turbulento período de la Segunda Guerra Mundial.

PATRIMONIO Y TRADICIONES

— PATRIMONIO CULTURAL —

Literatura

▶ **Guillaume de Lorris (c. 1205-1240)** nació en Lorris y es el autor del *Roman de la Rose* (*Romance de la rosa*), un largo poema de más de cuatro mil versos que expresa el amor cortesano. Originario de Meung-sur-Loire, Jean de Meung (1240-1305) amplió este poema con una segunda parte.

▶ **Rabelais (c. 1490-1553),** primer gran prosista francés, nació en La Devinière, Seuilly. Escribió *Gargantúa y Pantagruel.*

▶ **Etienne Dolet (1509-1546)** nació en Orleans. Poeta, escritor y humanista, fue también el editor de Clément Marot, François Rabelais y Galien. Fue quemado por hereje.

▶ **Joachim du Bellay (1522-1560),** poeta, nació en el castillo de Turmelière, en Liré.

▶ **Pierre de Ronsard (1524-1585)** nació en una casa solariega de La Possonnière, en Couture-sur-Loir. El príncipe de los poetas y poeta de los príncipes era prior del priorato de San Cosme, en La Riche.

▶ **René Descartes (1596-1650)** nació en La Haye-en-Touraine (actual Descartes), una población que fue rebautizada en su honor.

▶ **Alfred de Vigny (1797-1863)** nació en Loches, Indre y Loira.

▶ **Honoré de Balzac (1799-1850)** marcó mucho la región del Centro. Nacido en Tours, estudió en Vendôme, pero Turena lleva aún más su impronta. En el castillo de Saché, donde se alojaba a menudo, se ha conservado su habitación intacta.

▶ **Charles Péguy (1873-1914)** está vinculado a la ciudad de Orleans, donde vivió hasta los 18 años. Murió al principio de la Primera Guerra Mundial de un balazo en la frente.

▶ **Max Jacob (1876-1944)** vivió en Saint-Benoît-sur-Loire. Murió en el campo de prisioneros de Drancy, donde esperaba a ser deportado.

Retrato de Honoré de Balzac.

▶ **Gastón Couté (1880-1911).** Este poeta y cantante nació en Beaugency.

▶ **Maurice Genevoix (1890-1980)** nació en Châteauneuf-sur-Loire y falleció en Alicante. *Raboliot* evoca la Sologne y la caza furtiva, pero el escritor dedicó buena parte de su obra a la Primera Guerra Mundial, que vivió en el frente de Lorena.

▶ **Patrice de la Tour du Pin (1911-1975)** fue un poeta que pasó buena parte de su vida en su castillo de Bignon-Mirabeau, cerca de Montargis.

▶ **Hervé Bazin (1911-1996).** La cuna de su familia está en Marans (cinco kilómetros al sur de Segré), donde se puede ver desde el exterior la casa solariega de Paty, tan oscura e impresionante en la realidad como en la novela. Para visitarla con un ejemplar de *Una víbora en el puño* (editorial Contraseña) en la mano.

Pintura

▶ **Anne-Louis Girodet (1767-1824)** fue discípulo de Jacques-Louis David. Pasó su infancia en Montargis. Es el autor de uno de los tres retratos oficiales de Napoleón I y de Chateaubriand.

PATRIMONIO ARQUITECTÓNICO

Con su clima suave y sus ricos bosques, el valle del Loira atrajo a reyes y nobles que construyeron una impresionante cantidad de fortalezas. El Renacimiento supuso la edad de oro de estos castillos, pero muchos conservan vestigios de construcciones anteriores o, por el contrario, de modificaciones posteriores.

Ciudades y pueblos

▶ **La arquitectura de las ciudades y pueblos** es un reflejo de las materias primas locales. Sologne combina casas con entramados de madera y ladrillo, mientras que en Turena y Anjou las viviendas se caracterizan por sus muros de toba y tejados de pizarra.

▶ **La toba,** blanda y fácil de extraer, que se endurece y blanquea al aire libre, es una piedra ideal para la construcción. Los arquitectos reales sabían cómo magnificarla, y hoy la vemos en soberbios castillos renacentistas, como Chambord y Chenonceau, donde se utilizó para crear verdaderas filigranas de piedra. Las inmensas galerías excavadas para extraer la piedra pronto fueron ocupadas por el hombre. A lo largo de las laderas, las viviendas trogloditas se desarrollaron desde la región de Saumur hasta el Loir y Cher, en el valle del Cher y en la región de Vendôme, formándose verdaderas aldeas con sus propias capillas. La temperatura constante en las profundidades de la tierra es ideal para que el vino cosechado en la superficie mejore y, a mayor profundidad, la humedad favorece el crecimiento de los hongos.

▶ **Del Loir y Cher al Loiret,** varios pueblos han conservado sus antiguas casas con entramados de madera. Souvigny-en-Sologne, Chaon, Marcilly-en-Gault, Saint-Viâtre, Chaumont-sur-Tharonne... Antiguamente, los muros se construían con entramados de madera rellenos de mazorcas. Los tejados se

Iglesia de Notre Dame La Riche y una fachada de entramado de madera en Tours.

cubrían con cañizo, paja o incluso brezo. A partir del siglo XIX, las casas se empezaron a edificar con ladrillos y los tejados se cubrieron con tejas planas, lo que confiere a los pueblos de la Sologne su carácter distintivo.

TRADICIONES Y ESTILO DE VIDA

▶ En el valle del Loira se han originado muchas leyendas, y los narradores han perpetuado su memoria. A menudo se trata de cultos paganos de los que se ha apoderado la religión cristiana: las hadas se convirtieron en buenas damas; fuentes milagrosas que brotan de la tierra en el lugar del martirio de un santo…

▶ **En Turena, la más popular es la leyenda de san Martín.** Venido de Hungría, este soldado del Imperio romano se convirtió en obispo de Tours tras haber cortado su abrigo en dos mitades para proteger a un pobre hombre del frío. Martín murió en noviembre. Sus restos fueron confiados al río Loira, como era costumbre para las personas a les que se atribuían virtudes de santidad. El río debía designar el lugar de su entierro, pero a medida que la balsa se desviaba, las orillas se volvían verdes; de ahí que se hable del verano de san Martín.

▶ **La noche de Navidad** es el momento en que las piedras comienzan a girar, o a levitar, para que pueda descubrirse un tesoro, pero cuidado con cualquiera que se aventure allí: la salida se cierra al filo de la medianoche.

▶ **Los puentes construidos por el diablo en una sola noche** se encuentran en Jargeau y Beaugency. Su salario era el alma del primer ser que cruzara el puente, pero siempre se cobraba la de un animal, como un gato.

▶ **En la Edad Media, los monjes** saneaban los pantanos y aprovechaban la ocasión para recuperar los ritos paganos, como en La Chapelle-Saint-Mesmin, donde una bestia que guardaba allí una cueva repleta de tesoros fue abatida por san Mesmín. La cueva todavía existe.

▶ **Las lavanderas nocturnas,** presentes en el valle del Loira y en Anjou, se aparecen a los hombres que están solos en las noches de luna llena y en el día de Todos los Santos.

Idioma

▶ **La navegación por el Loira** dio a toda la región su relativa unidad lingüística. Los dialectos occitanos se utilizaban en el Bajo Berry, pero el Alto Berry estaba más relacionado con las lenguas de oíl, Turena y Orleans.

Artesanía

▶ **Los esmaltes de Briare** son sinónimo de inalterabilidad y de elementos decorativos de alta gama. La fábrica está abierta a los visitantes y responde a los pedidos especiales de los clientes (forma, color), así como a la posibilidad de realizar trabajos de restauración.

▶ **Desde 1821, la loza de Gien es conocida por su calidad y creatividad.** Ha producido piezas con refinadas decoraciones de inspiración renacentista italiana. También hay que añadir reproducciones japonesas, chinas y luego francesas del siglo XVIII.

▶ **Luis XI trajo artesanos italianos a Tours** y estableció la industria de la seda, que sigue siendo la cuna de esta

artesanía en Francia. Pero solo queda una empresa: la casa de Georges Le Manach, clasificada como monumento histórico y conservatorio del tejido de la seda.

Deportes y juegos tradicionales

▶ **La *boule de fort* es un juego tradicional en Anjou.** Uno de sus posibles orígenes sería que, una vez descargado un barco, los barqueros jugaban con bolas de madera en la bodega con el fondo curvo. Este juego se practica en campos de entre 18 y 24 metros de largo y de 5 a 6 metros de ancho. Las bolas, hechas de madera y recubiertas de hierro, tienen un lado más abombado que el otro, el lado *fort* («fuerte»).

DESCUBRE

© LAETITIA STEIMETZ

Obras de Diane Truti, ceramista de La Borne.

FESTIVALES Y EVENTOS

Indre y Loira ★★★★

■ FESTIVAL DE TEATRO EN VAL DE LUYNES
☎ 06 52 10 35 53
www.theatre-valdeluynes.com
Ocho lugares patrimoniales para ocho obras de teatro al aire libre. Se trata de un atractivo reto que el Festival de Teatro de Val de Luynes, que celebró su vigésimo aniversario en 2024, ha superado con brillantez desde 2004. El programa incluye obras clásicas y contemporáneas, comedias y dramas representados en las casas solariegas, en las bellas residencias de Luynes y en los municipios de los alrededores, con buen humor, talento, risas y encuentros. Es una ocasión para que público e intérpretes se reúnan en una agradable noche de verano.

■ FIESTA DEL TOMATE Y DE LOS SABORES
Castillo de la Bourdaisière
Montlouis-sur-Loire
☎ 02 47 45 16 31
www.labourdaisiere.com
¡Tomates en todas sus formas! Cada año, la finca de la Bourdaisière te da la bienvenida a su festival y te brinda la oportunidad de disfrutar de esta hortaliza. En el programa: talleres, conferencias, degustaciones, eventos y descubrimiento de las setecientas variedades cultivadas en los invernaderos. Unos cincuenta expositores ofrecen una impresionante gama de semillas, plantas, productos culinarios, productos de belleza y bienestar y artículos de decoración.

■ FESTIVAL TERRES DU SON
Domaine de Candé. Monts
☎ 02 18 88 50 70
www.terresduson.com
El festival Terres du Son hace vibrar cada año los muros y las llanuras de la finca de Candé, en Monts. Con más de cuarenta mil asistentes anuales, se ha consolidado como un evento muy esperado y apreciado por el público regional. Terres du Son saca la artillería pesada año tras año en la zona de pago de la pradera, donde se citan grandes nombres de la escena musical, pero también hay un *village* gratuito donde ofrecen conciertos para grandes y pequeños, juegos en familia, proyecciones de películas, conferencias y talleres.

© RUBYRASCAL - SHUTTERSTOCK.COM

Fiesta del tomate y de los sabores.

DESCUBRE

Navidad en el País de los Castillos.

■ **SCÉNOFÉERIE DE SEMBLANCAY**
Domaine Jacques de Beaune
Avenida de la Source
☎ 02 47 56 66 77
www.scenofeerie.fr
Una multitud de entusiastas se reúne cada año en Turena para dar vida a este espectáculo único de luz y sonido, con más de seiscientos figurantes, dos mil trajes y 35 jinetes. Desde la época galo-romana hasta la Revolución Francesa y el Renacimiento, la historia se cuenta en el recinto de la vivienda de Jacques de Beaune, superintendente de finanzas de Francisco I. Un espectáculo soberbio con una puesta en escena extraordinaria.

■ **ESCAPADAS POR EL LOIRA**
InterLoire (Interprofession des vins du Val de Loire)
Blaise-Pascal, 62
Tours
☎ 02 47 60 55 00
www.vvr-valdeloire.fr

Las «échappées en Loire» (antes «Vignes Vins Randos») es un evento social organizado por Interloire desde 2004. Programan una quincena de agradables paseos por todo el valle del Loira, a través de viñedos que abarcan una veintena de denominaciones de origen. Son caminatas fáciles para hacer en grupo, con amigos o en familia, que se combinan con visitas a bodegas, degustaciones y presentaciones de los vinos del Loira. A la vuelta, en el pueblo ofrecen delicias gastronómicas y entretenimiento, y se venden los vinos que habrás degustado a lo largo del camino.

■ **NAVIDAD EN EL PAÍS DE LOS CASTILLOS**
Tours. www.touraineloirevalley.com
Los castillos del valle del Loira se transforman en invierno, desde hace varios años, en verdaderos palacios de cuento. Siete de ellos han unido sus fuerzas para la operación «Navidad en el país de los castillos», con el fin de cultivar la magia

de las fiestas de fin de año. En los castillos de Chenonceau, Villandry, Langeais, Amboise, Azay-le-Rideau, Loches y Chinon proponen decoraciones temáticas, actividades familiares, juguetes del pasado, cuentos y villancicos de antaño…

▪ FESTIVAL AUCARD DE TOURS

Plaine de la Gloriette
https://billetterie.radiobeton.com
Un año más, cinco días de conciertos y de buen humor para que los habitantes de Turena vuelvan a disfrutar de sus ídolos. Grandes nombres y joyas del mundo del rock, el rap, el reggae, la música electrónica y otras músicas contemporáneas, originadas aquí mismo o provenientes de todos los rincones del planeta… Nos encanta el ambiente acogedor de principios de verano, los voluntarios alegres y alocados, la decoración igualmente alegre y el arte callejero. ¡Aucard es un festival histórico que no hay que perderse! El festival también ofrece unos días de conciertos en invierno, conocidos como Aucard d'hiver.

Loir y Cher

▪ CONCIERTO ANUAL DE CHAMBORD

Castillo de Chambord
✆ 02 47 31 15 33; www.chambord.org
Cada año, el castillo de Chambord se convierte en escenario de un acontecimiento musical excepcional: Chambord Live. En junio, la finca resuena al son de los más grandes artistas, figuras emblemáticas que actúan en este marco histórico. Más que un concierto, este acontecimiento es una experiencia sensorial que combina música, convivencia y la magia atemporal del lugar para una velada inolvidable.

▪ FESTIVAL DE MÚSICA DE CHAMBORD

✆ 02 54 50 50 40
www.chambord.org
El castillo de Chambord se transforma todos los años en un gran teatro artístico y musical. Cada mes de julio, desde 2011, el Festival de Chambord hace bailar las notas de la historia. Desde canciones medievales hasta melodías contemporáneas, de solistas a orquestas, cada concierto es un viaje sonoro. Teatro, danza e instrumentos se unen para crear un momento mágico. Un festival donde el arte, la historia y la emoción se dan cita en un marco excepcional.

▪ NAVIDAD EN CHAMBORD

Castillo de Chambord
✆ 02 54 50 40 00
www.chambord.org/fr
Cada invierno, Chambord se engalana para la «Navidad en Chambord», una aventura mágica que hace las delicias de grandes y pequeños. El castillo se embellece con suntuosas decoraciones, mientras que las visitas temáticas revelan los orígenes de la temporada festiva. Los fines de semana, espectáculos encantadores, animaciones con disfraces, talleres creativos y juegos renacentistas sumergen a las familias en un ambiente festivo. Entre iluminaciones, cuentos y tradiciones, el patrimonio de Chambord se viste de gala. Algunos espacios son gratuitos, pero conviene reservar.

▪ FIESTA DE LA VENDIMIA

Cheverny
✆ 02 54 79 25 16
www.fetedesvendanges.net
El magnífico castillo no es el único tesoro del pueblo de Cheverny, sus viñedos son el otro. Desde hace más de diez años, a

principios de septiembre, una treintena de viticultores de las denominaciones AOC Cheverny y AOC Cour Cheverny organizan una fiesta de la vendimia para dar a conocer su trabajo. En el pueblo de estos viticultores podrás comprar un vaso para degustar su producción. Actividades como ver el funcionamiento de la antigua prensa de vino o pasear por el mercado de productos locales animan las calles. Las excursiones por los viñedos son una buena manera de descubrir los terruños.

Loiret

■ FIESTAS DE JUANA DE ARCO
Orleans
www.orleans-metropole.fr
Sin duda, Juana de Arco ha permanecido en el corazón de los habitantes de Orleans. Las fiestas en memoria de esta heroína que liberó la ciudad se celebran cada año. El 8 de mayo se conmemora la liberación de Orleans en 1429. Desde entonces, se elige y se ennoblece a una joven con una armadura para representarla, eslabón de una cadena invisible que enriquece el corazón de los franceses en estos días en los que la ciudad da un saludable salto atrás hacia la Edad Media. Las *Fêtes Johanniques* son famosas en todo el mundo. En 2029 se celebrará el 600 aniversario de la liberación de Orleans.

Maine y Loira

■ FESTIVAL DE ANJOU
Boulevard du Roi-René, 49. Angers
✆ 02 41 88 14 14
www.festivaldanjou.com
Creado en 1950, el Festival de Anjou es el segundo festival de teatro al aire libre más importante de Francia, por detrás del de Aviñón. Celebrado en el castillo de Plessis-Macé, en el claustro de Toussaint y en las arenas de Doué-la-Fontaine, el evento acoge cada año, a principios de verano, una veintena de nuevas producciones, entre obras del repertorio clásico, vodeviles, recitales y espectáculos para el público joven... Una programación de alta gama que en los últimos años ha visto subir al escenario a grandes nombres de la escena francesa, como Laurent Lafitte, Catherine Hiegel, Daniel Auteuil, Gérard Jugnot, Catherine Frot y otros.

DESCUBRE

© INTREGUE PHOTOGRAPHY - SHUTTERSTOCK.COM

Estatua de Juana de Arco.

■ FESTIVAL PREMIERS PLANS

Jeanne Moreau, 9. Angers
✆ 07 49 15 77 02
https://www.premiersplans.org
Lanzado en 1989, el festival Premiers Plans se ha convertido indiscutiblemente en una de las citas más populares del joven cine europeo. ¿Joven? Sí, el festival recompensa cada año a las óperas primas (cortometrajes, largometrajes, películas de escuela) de directores a menudo aún desconocidos. También se programan preestrenos, retrospectivas temáticas, ciclos de homenaje, lecturas públicas de guiones y encuentros públicos con grandes nombres del séptimo arte, tanto de detrás como de delante de las cámaras.

■ FESTIVAL DE OTOÑO DE TERRA BOTANICA

Carretera de Epinard. Angers
✆ 02 41 25 00 00
https://www.terrabotanica.fr
Terra Botanica es un parque temático de 27 hectáreas, doce de las cuales están abiertas a los visitantes. Cada año recibe seiscientos mil visitantes en «Les Mystères de la Forêt», «Terra Nocta» y «L'Odyssée Botanique». Y, además de sus atracciones permanentes, también organizan eventos estacionales. Los visitantes pueden admirar el parque engalanado con sus más bellos colores otoñales, explorar el huerto y participar en eventos especiales de Halloween.

■ MONDIAL DU LION

Parc Départemental de l'Isle Briand
Le Lion-d'Angers
✆ 06 32 41 65 24
www.mondialdulion.com
El Mondial de Lion lleva cada otoño al Parc Départemental de l'Isle Briand un concurso completo de equitación. Esta competición internacional presenta a los mejores caballos de seis y siete años en espectaculares pruebas de doma, cross y salto de obstáculos. Su entorno verde —el parque ocupa nada menos que 180 hectáreas— y su ambiente único lo convierten en uno de los favoritos de los aficionados. El evento celebró en 2025 su 40º aniversario.

■ JORNADAS NACIONALES DEL LIBRO Y EL VINO

Saumur
✆ 02 41 52 02 08
www.livreetvin.com
Las Journées Nationales du Livre et du Vin reúnen cada año en Saumur al mundo del libro y al mundo del vino en torno a un arte de vivir que ha sido contado durante siglos por los más grandes autores. El público se encuentra con sus escritores favoritos y con los grandes nombres de los vinos del Loira. Unas magníficas jornadas en Anjou con lecturas públicas, debates literarios, conferencias... todo ello regado con los mejores vinos locales.

■ FESTIVAL DE TRÉLAZÉ

Ayuntamiento
✆ 02 41 33 74 74; www.trelaze.fr
Este festival atrae a melómanos y a simples curiosos desde hace casi treinta años. Más de doscientos mil espectadores se han dado cita en las últimas ediciones en el parque de Vissoir o en el Arena Loire. Ciertamente, el concepto de una docena de conciertos gratuitos en verano no puede ser más atractivo. El cartel incluye artistas locales, estrellas del pop francés y estrellas internacionales, sin olvidar la ineludible velada NRJ, que cada año reúne a un puñado de nombres propuestos por la popular emisora de radio francesa.

EL VALLE VERDE DEL VAL DE LOIRE

El valle del Loira, el granero de Francia en su parte de Beauce y Champagne Berrichonne, se caracteriza por una explotación altamente mecanizada, dominada por la agricultura. Los cereales están representados por el trigo común, el trigo duro, la cebada, el maíz, la remolacha azucarera y las semillas oleaginosas. El antiguo condado del Gatinés se orienta cada vez más hacia los cultivos, en detrimento de la ganadería. La región es famosa por sus hortalizas, especialmente espárragos y patatas (Belle de Fontenay). También produce setas Label Rouge, la manzana Golden Delicious y la remolacha roja. La región de Orleans es famosa por sus huertos, particularmente en el municipio de Olivet: fresas de Orleans, cerezas de Olivet, manzanas, peras pasa crasana y williams. Los especialistas consideran que el aguardiente de pera de Olivet es uno de los mejores de Francia.

En cuanto a Maine y Loira, es el principal departamento hortícola de Francia. Se distingue en Europa por la diversidad de su producción y la importancia de sus unidades de investigación. El departamento es el primero de Francia en cultivo de champiñones, semillas hortícolas y florales, plantas medicinales en maceta, grosellas negras, manzanas, y también cría de patos.

PRODUCTOS LOCALES

Aves de corral y caza

Las numerosas razas de aves de corral, así como la caza, son manjares que los chefs locales saben aprovechar para deleitar a los amantes de la buena gastronomía.

Exquisiteces

La charcutería de la región reserva sorpresas extraordinarias, como la *angevina* de buey, una especie de morcilla, los *rillons, andouilles* y *andouillettes* o las *rillettes,* y algunos pequeños artesanos saben cómo preparar verdaderos manjares muy solicitados.

Pescado

Como en todas las regiones que atraviesa el río Loira, los peces de río (lucio, carpa, lucioperca, sábalo, salmón) dejan una buena impresión en las mesas de los restaurantes, preparados en recetas tradicionales como el *beurre blanc.*

Quesos y productos lácteos

En el valle del Loira se producen pocos quesos de leche de vaca. Entre ellos, el *cendré* de Pannes y el *pithiviers au foin*. El *olivet* puede ser de color azulado (moho natural) o recubierto con una corteza de cenizas de sarmientos de vid. Su sabor recuerda al del *brie* de Melun sin madurar.

Los quesos con Denominación de Origen Controlada (DOC) en la región del Centro son quesos de cabra: el *saint-maure,* que se remonta a las invasiones árabes, el *pouligny-saint-pierre* y el *selles-sur-cher.* Valençay es la única DOP en Francia para dos productos: vino y queso.

Crottins de Chavignol.

Frutas y verduras

▶ **La seta de París (o champiñón botón) se produce en antiguas canteras de toba.** Los bosques de Sologne son una fuente infinita de setas. Los *boletus edulis,* los rebozuelos, las trompetas de la muerte y otras especies locales son el acompañamiento perfecto para la caza o la carne. Los suelos arenosos también producen suculentos espárragos.

▶ **En cuanto a las frutas,** junto a la ciruela claudia, en Anjou encontramos las peras de Olivet, de las que se obtiene un delicioso aguardiente.

DEGUSTACIÓN DEL CROTTIN DE CHAVIGNOL

El *crottin* de Chavignol se puede degustar de diversas maneras. Semiseco, cuando tiene unos diez días: acabado de madurar, todavía huele a leche y suele comerse asado al horno sobre pan tostado con una ensalada verde. Azulado, alrededor de tres semanas: se ha formado una corteza y el sabor a leche ha desaparecido, dando paso a aromas más sutiles. Azul, entre 1 y 2 meses: el queso sigue siendo blando y la pasta adquiere sabores caprinos sutiles y suaves, tierna al principio y un poco más dura al final. Encontrarás entonces todo el sabor de los gustos almacenados durante el proceso de maduración. Muy seco al cabo de unos meses, es quebradizo y tiene un sabor a nuez en el paladar. Combina a la perfección con un buen vino blanco de Sancerre.

CRÉMET D'ANJOU Y MERMELADAS... ¡EL DÚO DE LOS SIBARITAS!

Este poco conocido manjar que combina la nata montada con las claras a punto de nieve, originario del siglo XIX, hubiera desaparecido sin la pasión de una antigua maestra de escuela, Sophie Reynouard. Tradicionalmente, el *crémet* se sirve con nata líquida y azúcar, pero el *coulis* de frutos rojos o una mermelada siguen siendo la mejor asociación con el postre. Esta preparación ligera y esponjosa está disponible en versión salada, y no hay límites a la imaginación en las bodas (ajo y hierbas, salmón y limón, remolacha e hinojo, *coulis* de pimienta con guindilla de Espelette...).

DESCUBRE

Aceites de especias, condimentos

▶ **El azafrán de Turena y Gâtinais** está en pleno auge.

▶ **El vinagre y la mostaza** son dos tradiciones de Orleans.

Dulces

No nos olvidamos de los sibaritas: junto a la inevitable tarta Tatin, la región ofrece muchos dulces y postres, el más antiguo de los cuales es el *pithiviers*, elaborado tradicionalmente con almendra y hojaldre, que se remonta al período galo.

■ ALCOHOLES Y LICORES ■

Vinos

▶ **Vinos DOC de Anjou y Saumur.** La zona de producción de las denominaciones de Anjou abarca casi 20 000 hectáreas. Los viñedos están plantados en suelos de esquisto o de esquisto-arcilla y producen excelentes tintos y rosados. Junto a las denominaciones Anjou y Anjou-villages, los vinos de Saumur también desarrollan sus matices particulares: Saumur, Saumur-Champigny... Esta parte del valle del Loira también ofrece una amplia selección de vinos blancos, especialmente dulces: Coteaux de l'Aubance o del Layon, Savennières, Bonnezeaux. Y espumosos de renombre,

como el *crémant de Loire* y el Saumur brut. Sin olvidar el noble-Joué, un vino muy antiguo.

▶ **Vinos DOC de Touraine.** El Loira, río poderoso, ha modelado a lo largo de su curso biotopos favorables a la vid. Las pendientes de sus laderas ofrecen una exposición ideal para muchas variedades de uva: chenin, cabernet franc y sauvignon, pinot noir en Turena y en los alrededores de Sancerre y Pouilly-sur-Loire. La gamay, fácil de cultivar y muy productiva, se extiende por toda la región. Turena, con sus tres denominaciones, Touraine-Amboise, Touraine-Azay-le-rideau y Touraine-Mesland, produce vinos muy aromáticos. En Chinon, Bourgueil y

© UCKYO – ADOBE STOCK

Tarta tatin.

Saint-Nicolas-de-Bourgueil, el cabernet franc produce vinos tintos más o menos corpulentos. Montlouis y Vouvray producen excelentes vinos blancos, así como espumosos de gran calidad .

▶ **Touraine-Chenonceaux.** Unida al espléndido castillo, esta nueva denominación permite a los viticultores mostrar su conocimiento, pasión y búsqueda constante de la calidad.

▶ **Vinos DOC del Centro.** AOC Coteaux-du-Giennois: las numerosas abadías creadas en la región contribuyeron a la expansión de este viñedo. Los suelos silíceos y calcáreos de la región permiten producir vinos tintos y rosados (elaborados a partir de una mezcla de gamay y pinot noir), así como vinos blancos.

▶ **Vinos de la región de Orleans.** Las primeras vides aparecieron ya en tiempos de Clodoveo. En los siglos XII y XIII, se servían ya vinos en la corte

francesa y eran comparables en fuerza y riqueza a los viñedos bordeleses actuales. A partir del siglo XVI, la calidad fue sustituida por la cantidad para abastecer a París. Los vinos del sur de Francia y la filoxera pusieron fin a la época de esplendor. Gracias a su trabajo, los viticultores de la región de Orleans han recuperado sus cartas de nobleza, y desde 2006 gozan de una denominación de origen controlada de la región Centro.

Cervezas

Un puñado de entusiastas han aceptado el reto, produciendo una interesante gama de cervezas que actualmente se consumen principalmente a nivel local, entre ellas Brasserie des Écluses, Brasserie de La Pigeonnelle, Brasserie de l'Aurore, Brasserie des Carnutes y Fabrique des Bières d'Anjou.

Aguardientes y licores

▶ **El valle del Loira es la cuna de algunos de los mejores licores.** Anjou inventó el triple seco y el Cointreau. El Cointreau, junto con el *crémant de Loire* y el limón, se utiliza en el ligero y elegante cóctel Anjou.

▶ **Combier, en Saumur, y Giffard, en Avrillé**, producen una amplia gama de siropes y licores, entre ellos el *guignolet.*

▶ **El brandy destilado de peras williams es el orgullo de Olivet.** Las peras destinadas a la destilación se recogen a mano cuando están maduras. Pero la recompensa es el sabor y la belleza de la fruta bañándose dentro de la botella de aguardiente aromatizado.

▶ **Cœur d'Arlicot es un aperitivo** elaborado con vino y cerezas del valle del Loira.

DEPORTES Y OCIO

EL LOIRA EN BICICLETA

El Loira, el río más largo de Francia, es un tesoro para los paseantes que saben detenerse a escuchar la calma de este paisaje único: el goteo del agua, el aleteo de las alas de las garcetas o los charranes, el viento que sopla entre las hojas... Las regiones Centro y País del Loira ofrecen la posibilidad de pedalear a orillas del río durante más de ochocientos kilómetros de senderos señalizados y pequeñas carreteras asfaltadas, con poco o ningún tráfico, por lo que la seguridad es primordial en todos los tramos del recorrido. Asegúrate de disponer de una buena bicicleta de montaña o todo terreno de la talla adecuada, ya que hay muchas tiendas de bicicletas que las alquilan por un módico precio. Recorrer Turena es un tesoro: jardines, parques, castillos, estanques, bosques, pueblos pintorescos... Todas las rutas están clasificadas como vías verdes, vías muy poco transitadas o auténticos carriles bici asfaltados. Las señales te ayudarán a orientarte. Desde Saint-Nazaire a Nevers, hay muchas rutas donde elegir en función de tu nivel y del tiempo disponible. Podrás descubrir las joyas en el corazón del valle del Loira, como los castillos de Amboise, Chenonceau o Chissay-en-Touraine... Puedes organizar tu estancia junto con las oficinas de turismo de la región o las agencias de alquiler de bicicletas. Para más información: www.loireavelo.fr.

© ALEXANDRE BLOND

Montrésor, a orillas del río Indrois.

DEPORTES NÁUTICOS EN EL VALLE DEL LOIRA

Para los amantes de los deportes náuticos, se ofrecen numerosas actividades de vela: windsurf, optimist e incluso veleros. Piragüismo y kayak por el Loira entre Berry y Giennois, de Beaulieu-sur-Loire a Gien, pasando bajo el puente-canal de Briare, o exploración de la campiña y la fauna de Saint-Denis-en-Val d'Orléans.

■ ACTIVIDADES AL AIRE LIBRE ■

▶ **Paseos a caballo y en burro.** Los grandes bosques del valle del Loira son el lugar ideal para montar a caballo, o incluso dar un simple paseo en burro o poni. Numerosos centros ecuestres organizan competiciones y paseos, con posibilidad de alojamiento. En Maine y Loira, podrás disfrutar a caballo de los paisajes declarados Patrimonio Mundial por la Unesco, gracias al prestigioso Cadre Noir o al Haras National du Lion-d'Angers.

▶ **Turismo fluvial.** La región de Anjou cuenta con más de 3500 km de ríos navegables, donde podrás alquilar casas flotantes en Chenillé-Changé y Grez-Neuville. Se puede practicar piragüismo y kayak en los ríos Loira, Mayenne, Sarthe, Evre y Louet. El Loira permite llegar a Chambord en barco o en *fûtreau* (antigua embarcación local), siguiendo los pasos de los barqueros de antaño, y el Cher ofrece cruceros por horas o por semanas.

▶ **Golf.** Hay nada menos que 35 campos de golf en la región Centro, la mayoría rodeados de suntuosos parajes.

▶ **En el aire.** Las vastas llanuras cerealistas albergan varios pequeños aeropuertos de recreo, donde podrás disfrutar de un sencillo primer vuelo, así como pilotar aviones, planeadores, ultraligeros de tres ejes o alas delta, y practicar paracaidismo, actividades de ocio cada vez más populares.

© ALEXANDRE BLOND

Bicicleta frente al Loira y el castillo de Amboise.

DE CIUDAD
EN CIUDAD

Castillo de Azay-le-Rideau.
© ALEXANDRE BLOND

Amboise ★★★

Amboise es una ciudad de 13 000 habitantes situada a orillas del río Loira, entre Blois y Tours. En lo esencial, se extiende en la orilla sur, en un lugar donde emerge la isla de Saint-Jean (antiguamente isla de Oro). La región de Amboise es el segundo polo industrial del departamento de Indre y Loira. Sin embargo, gracias a su magnífico castillo real, la ciudad posee un importante patrimonio histórico. Aparte de la visita del castillo, los monumentos ineludibles en la ciudad son el castillo de Clos Lucé (siglos XV y XVI), donde se alojó Leonardo da Vinci, y la pagoda de Chanteloup, un monumento chino del siglo XVIII emplazado en un hermoso parque. La tumba de Leonardo da Vinci se encuentra en la capilla de San Huberto, en el castillo de Amboise.

■ OFICINA DE TURISMO

Quai du Général de Gaulle
℡ 02 47 57 09 28
www.amboise-valdeloire.com

El equipo de la oficina de turismo te recibe todo el año para compartir las mejores visitas en el valle de Amboise. Los consejos son de gran calidad: hoteles con encanto, restaurantes gurmé, eventos que no hay que perderse o incluso lugares imprescindibles o insólitos. Su página web está muy bien hecha y te será muy útil para empezar a preparar tu visita.

■ CASTILLO DE CLOS LUCÉ – PARQUE LEONARDO DA VINCI ★★★★

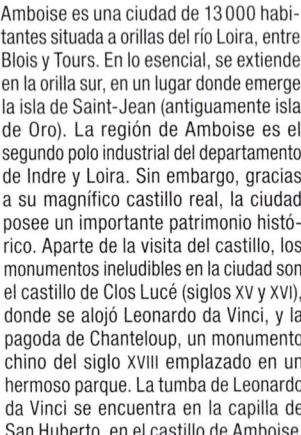

Clos-Lucé, 2; ℡ 02 47 57 00 73
www.vinci-closluce.com

Situado a pocos metros del castillo real de Amboise, el castillo de Clos Lucé – Parque Leonardo da Vinci era una residencia de recreo de los reyes de Francia. También fue el último hogar del pintor e inventor Leonardo da Vinci. Al hacerse mayor, en una época en la que en Italia empezaban a preferir a Rafael y a Botticelli, Leonardo da Vinci aceptó la invitación de Francisco I de ir a Francia en 1516. El joven rey, gran amante del arte y la cultura, se había enamorado del genio italiano. En este viaje se llevó tres cuadros: la *La Gioconda, San Juan Bautista* y *Santa Ana.*

Francisco I lo nombró «Primer pintor, ingeniero y arquitecto» del rey y lo instaló junto a su castillo de Amboise, en el Clos Lucé. Fue aquí donde Leonardo dio rienda suelta a su imaginación, trabajando en un proyecto tras otro, pasando de una disciplina a otra.

En solo tres años (murió en 1519), Leonardo da Vinci había impregnado el lugar de su desbordante imaginación creadora. Esto es lo que la familia Saint Bris, propietaria del Clos Lucé desde 1855, muestra hoy a los visitantes. En la intimidad de su casa, descubrirás los espacios de trabajo de Leonardo, sus cuadernos, sus dibujos, sus maquetas; además del jardín, el parque arbolado

© ALEXANDRE BLOND

Castillo de Clos Lucé.

y un museo al aire libre en el que se exhiben las máquinas de su invención.

■ CASTILLO GAILLARD – EL PARAÍSO REAL OLVIDADO ⭐⭐

Allée du Pont-Moulin, 29
✆ 02 47 30 33 29
www.chateau-gaillard-amboise.fr
Este magnífico castillo, construido en 1496 por el rey Carlos VIII, ha visto pasar por sus puertas a algunos de los más grandes personajes de la historia de Francia. Es una joya de la arquitectura renacentista y una delicia no solo por sus edificios y sus refinados interiores, sino también por sus vastos jardines, creados por iniciativa del maestro jardinero Dom Pacello. Fue aquí donde introdujo los primeros naranjos en Francia. Pasea por los senderos arbolados y descubre la riqueza exótica del lugar.

■ CASTILLO REAL DE AMBOISE ⭐⭐⭐⭐

Plaza Michel-Debré
✆ 02 47 57 00 98
Véase página 10.

■ LE GARAGE

Général Foy, 1
✆ 02 47 79 06 81
www.ville-amboise.fr
Situado a cuatro pasos del castillo real, este centro de arte se dedica a la creación contemporánea. Cada año presenta varias exposiciones de artes plásticas y visuales, y apoya la producción artística a través de un taller de residencia. Lugar de experimentación e investigación, invita a los visitantes a descubrir enfoques artísticos originales. Inaugurado en la primavera de 2019, Le Garage ocupa un antiguo garaje que conserva su arquitectura industrial, realzada por un gran techo acristalado que baña de luz natural los 340 metros cuadrados del espacio expositivo.

■ PAGODA DE CHANTELOUP ⭐

Carretera de Bléré
✆ 02 47 57 20 97
www.pagode-chanteloup.com
A medio camino entre Chambord y Chinon y a un paso de la ciudad de

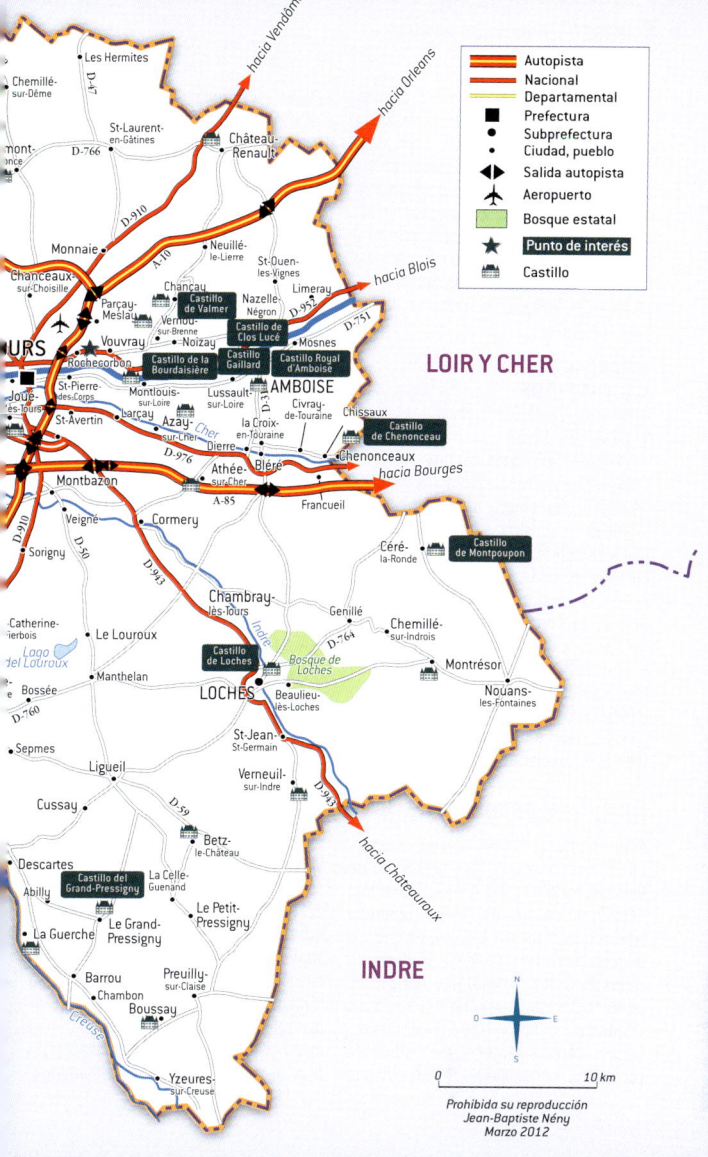

	Autopista
	Nacional
	Departamental
■	Prefectura
●	Subprefectura
·	Ciudad, pueblo
◆	Salida autopista
	Aeropuerto
	Bosque estatal
★	Punto de interés
	Castillo

hacia Vendôme

hacia Orleans

Les Hermites

Chemillé-sur-Dême

St-Laurent-en-Gâtines

mont-
ince

D-766

Château-Renault

D-910

Monnaie

Neuillé-
le-Lierre

hacia Blois

Chanceaux-
sur-Choisille

Chançay

Limeray

St-Ouen-
les-Vignes

Castillo
de Valmer

Nazelle-
Négron

Parçay-
Meslay

Vernou-
sur-Brenne

Castillo de
Clos Lucé

Mosnes

D-751

Vouvray

Noizay

URS

Rochecorbon

Castillo de la
Bourdaisière

Castillo
Gaillard

Castillo Royal
d'Amboise

LOIR Y CHER

St-Pierre-
des-Corps

Montlouis-
sur-Loire

Lussault-
sur-Loire

AMBOISE

Joué-
lès-Tours

St-Avertin

Larçay

Azay-
sur-Cher

Civray-
de-Touraine

Chissaux

Castillo
de Chenonceau

la Croix-
en-Touraine

Cher

Dierre

Montbazon

Athée-
sur-Cher

Bléré

Chenonceaux

hacia Bourges

Veigné

Cormery

A-85

Francueil

Sorigny

D-50

Céré-
la-Ronde

Castillo
de Montpoupon

D-910

D-943

Chambray-
lès-Tours

Genillé

Catherine-
ierbois

Le Louroux

Chemillé-
sur-Indrois

Lago
del Louroux

Indre

D-764

Castillo
de Loches

Bosque de
Loches

Montrésor

Bossée

D-760

Manthelan

LOCHES

Beaulieu-
les-Loches

Nouans-
les-Fontaines

Sepmes

St-Jean-
St-Germain

Ligueil

Verneuil-
sur-Indre

Cussay

D-59

D-943

Betz-
le-Château

hacia Châteauroux

Descartes

Castillo del
Grand-Pressigny

La Celle-
Guenand

Le Petit-
Pressigny

Abilly

Le Grand-
Pressigny

La Guerche

Barrou

Preuilly-
sur-Claise

INDRE

Chambon

Boussay

Creuse

N

O   E

S

Yzeures-
sur-Creuse

0   10 km

*Prohibida su reproducción
Jean-Baptiste Nény
Marzo 2012*

Amboise. Construida en 1775 al más puro estilo Luis XVI, esta pagoda es un raro ejemplo de fantasía del siglo XVIII. Está rodeada por un estanque en forma de media luna. En el parque, de catorce hectáreas, abundan los árboles seculares. Desde lo alto de sus cuarenta y cuatro metros se puede admirar una de las más bellas panorámicas del valle del Loira y del bosque de Amboise. Visita libre o guiada.

■ PARQUE DE LOS MINICASTILLOS ⭐

Boulevard Saint-Denis Hors
☎ 02 47 23 44 57
www.parcminichateaux.com
Este parque te invita a visitar los castillos del Loira… en miniatura. Son 44 maquetas de gran realismo y fidelidad realizadas a escala 1:25. Están representados los castillos de Chambord, Chenonceau, Amboise, Blois, Chinon… Los más pequeños podrán montar en caballos mecánicos disfrazados de caballeros y princesas, e ir en busca del tesoro resolviendo los enigmas. También hay un minigolf, un pequeño circuito de tractores y un carrusel en la explanada. ¡Un gran día para toda la familia!

Azay-le-Rideau ⭐⭐⭐

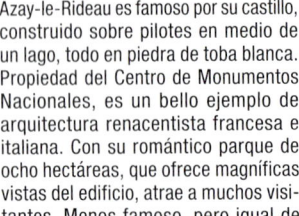

Azay-le-Rideau es famoso por su castillo, construido sobre pilotes en medio de un lago, todo en piedra de toba blanca. Propiedad del Centro de Monumentos Nacionales, es un bello ejemplo de arquitectura renacentista francesa e italiana. Con su romántico parque de ocho hectáreas, que ofrece magníficas vistas del edificio, atrae a muchos visitantes. Menos famoso, pero igual de romántico, el castillo de L'Islette inspiró a Rodin y a Camille Claudel, quienes se alojaron allí y se enamoraron apasionadamente. La ciudad de Azay ofrece una amplia oferta cultural. Te encantará el centro de la ciudad y sus restaurantes gastronómicos.

■ OFICINA DE TURISMO

BP-5
Château, 4
☎ 02 47 45 44 40
www.azay-chinon-valdeloire.com/
La oficina de turismo, que se trasladó a sus nuevas instalaciones en 2024, está a tu disposición para ayudarte a organizar la estancia, ofreciéndote información sobre alojamiento y restauración. Todo lo que necesitas para unas vacaciones tranquilas.

■ CASTILLO DE AZAY-LE-RIDEAU

Balzac, 19
☎ 02 47 45 42 04
Véase página 8.

■ CASTILLO DE L'ISLETTE

Carretera de Langeais, 9
☎ 02 47 45 40 10
www.chateaudelislette.fr
El castillo de L'Islette fue antaño el hogar de los escultores Rodin y Camille Claudel. Para ellos fue un lugar de creación y una fuente de inspiración. Catalogado como Monumento Histórico, este edificio renacentista de piedra toba se alza a orillas del río Indre. Los actuales propietarios lo han abierto a los visitantes, haciendo especial hincapié en el Gran Salón, con sus magníficas pinturas y su chimenea monumental. También podrás admirar la capilla de la planta baja. Y se puede hacer un pícnic en el parque o alquilar un bote de remos, entre otras actividades.

© ALEXANDRE BLOND

Castillo de Azay-le-Rideau.

DE CIUDAD EN CIUDAD

■ CITÉ RÉTRO-MÉCANIQUE – MUSEO MAURICE DUFRESNE ⭐⭐

Carretera de Marnay, 17
☎ 02 47 45 36 18
www.musee-dufresne.com
Descubre el fruto de sesenta años de pasión: una colección única de tres mil piezas que recorren un siglo de progreso (1850-1950). El museo lleva a los visitantes por un divertido recorrido entre vehículos, máquinas y artefactos de época. Cada abril, aprovecha las visitas guiadas gratuitas durante el día nacional de los vehículos históricos. Y para una pausa gastronómica, te espera el restaurante Chez Jeannot, antes de soñar frente a los objetos en venta de la colección.

■ VALLE TROGLODITA DE LAS GOUPILLIÈRES ⭐⭐

Les Goupillières
☎ 02 47 45 46 89
www.troglodytedesgoupillieres.fr
A tres kilómetros al este de Azay-le-Rideau en dirección a Artannes por la carretera D-84.

En un marco natural excepcional, un conjunto de granjas trogloditas da testimonio de las viviendas campesinas de Turena, excavadas en la piedra toba: pozos, hornos de pan, establos, silos de grano, refugios subterráneos para protegerse de los bandidos... Aún se conservan los objetos domésticos y los animales han vuelto al lugar. A la hora de comer, podrás degustar unas deliciosas *fouées*.

Bourgueil ⭐

Situado en la orilla norte del Loira, a pocos kilómetros de Chinon y Saumur, la historia de Bourgueil está indisolublemente ligada a su rico patrimonio vitícola. De hecho, la ciudad ha dado su nombre a unos vinos con denominación de origen (AOC, Appellation d'Origine Contrôlée). Los viñedos ocupan 1400 hectáreas y producen 70 000 hectolitros, casi exclusivamente de vino tinto. Cuenta la leyenda que fueron los galo-romanos quienes trajeron las primeras vides a la región. Puede recorrerse la historia de la ciudad en una visita libre, desde las Halles (mercado) centrales hasta la abadía de San Pedro, pasando por el castillo de la Rivière y la Maison des Vins (Casa de los vinos).

◼ OFICINA DE TURISMO

Plaza de la Iglesia, 16
✆ 02 47 97 91 39
www.tourainenature.com
En Bourgueil hay, por supuesto, famosas bodegas y viñedos que invitan a pasear y a degustar los vinos locales. Pero también podrás visitar una abadía benedictina de los siglos XIII y XVIII, el fabuloso castillo de Gizeux, así como el Musée des Mariniers de Chouzé-sur-Loire, que ofrece excursiones en *toue* (una embarcación tradicional del Loira). Podrás disfrutar de la equitación y el ciclismo de montaña en el parque natural regional. El mercado de los martes por la mañana también es muy agradable. El equipo de la oficina de turismo te lo explicará todo.

◼ ABADÍA BENEDICTINA DE BOURGUEIL ⭐

Avenida Le Jouteux, 4
✆ 07 68 77 50 46
https://abbaye-bourgueil.fr
Fundada en 990, la abadía es un lugar rico en historia que ha resistido el paso del tiempo. Sus propietarios han reabierto las puertas de este emblemático lugar y ofrecen a los visitantes un recorrido a la vez histórico y artístico. La visita incluye los edificios, desde el castillo abacial hasta la capilla y el monasterio, pasando por su refectorio, hoy convertido en sala de cine, y continúa en el parque, con sus ricos jardines y exposiciones.

◼ BODEGA DE LA DIVE BOUTEILLE

Caves de Chevrette, 2
✆ 02 47 97 00 00
En el corazón de los viñedos, descubre un emplazamiento troglodita que esconde tesoros relacionados con la viña y el vino: lagares, herramientas, barricas (algunas incluso del siglo XVI)… La visita dura aproximadamente una hora y va seguida de una cata de vinos. En grupo, podrás compartir una comida local con las especialidades de la región. Aprovecha la zona de pícnic y la pequeña bodega para tomarte un respiro.

Chenonceaux

Este pueblo del valle del Cher se ha hecho famoso por el encanto de su castillo, el más visitado de Francia, pero quizá no conozcas la inesperada antigua casa del vigilante, la única construida en estilo gótico, a petición del castillo. La historia de la ciudad está íntimamente ligada al edificio, empezando por su nombre. La única diferencia radica en la «X» final. Cuenta la leyenda que, durante la Revolución, Madame Dupin, cercana a los habitantes del pueblo, decidió suprimir la letra final para distanciarse del símbolo de realeza que representaba. Chenonceaux cuenta también con una iglesia de los siglos XII y XVI.

◼ OFICINA DE TURISMO

Bretonneau, 1
✆ 02 47 23 94 45
www.autourdechenonceaux.fr
En tren: TER línea Tours-Bourges. Parada Chenonceaux, estación cercana al castillo de Chenonceau. En autobús: Touraine Fil Vert: línea C (Tours-Amboise-Chenonceaux-Montrichard).
Es imprescindible visitar esta oficina de turismo para recabar información sobre el pueblo, su magnífico entorno, su patrimonio, su modo de vida, su castillo… Acude a la oficina para que te

© ALEXANDRE BLOND

Castillo de Chenonceau.

asesoren, para encontrar alojamiento o para aprovechar las tarifas preferentes en determinados lugares turísticos.

◼ CASTILLO DE CHENONCEAU ⭐⭐⭐⭐

Castillo de Chenonceau
✆ 02 47 23 90 07
Véase página 8.

Chinon ⭐⭐⭐

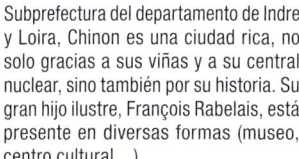

Subprefectura del departamento de Indre y Loira, Chinon es una ciudad rica, no solo gracias a sus viñas y a su central nuclear, sino también por su historia. Su gran hijo ilustre, François Rabelais, está presente en diversas formas (museo, centro cultural…).
En la Edad Media, Chinon se desarrolló particularmente bajo el reinado de Enrique II Plantagenet, conde de Anjou, que se convirtió en rey de Inglaterra en

1154. Él hizo reconstruir y ampliar el castillo para convertirlo en una de sus residencias preferidas.
Catalogado como área protegida en 1968, el centro histórico de la localidad ha sido desde entonces progresivamente rehabilitado, respetando su identidad histórica y arquitectónica.

◼ OFICINA DE TURISMO DE AZAY-CHINON VAL DE LOIRE

Rabelais, 1
✆ 02 47 93 17 85
www.azay-chinon-valdeloire.com
La oficina de turismo te proporcionará toda la información necesaria para aprovechar al máximo tu estancia. Descubre los viñedos de la DOC Chinon y esta encantadora ciudad con carácter, así como los productos locales. La oferta de actividades es variada: degustación de vinos, paseos a pie, artesanía, patrimonio, cicloturismo, etc. Pequeño salón de baile a orillas del Vienne.

◼ LE CARROI, MUSEO DE ARTE E HISTORIA ⭐

Haute-Sainte-Maurice, 44
✆ 02 47 93 18 12
www.azay-chinon-valdeloire.com/
En el corazón del barrio medieval del Grand Carroi de Chinon, la Maison des États Généraux (Casa de los Estados Generales) alberga el Museo de Arte e Historia de la ciudad. Ubicado en este edificio de los siglos XIV, XV y XVI, el museo recorre la historia de la ciudad de Chinon y sus alrededores desde la prehistoria hasta el siglo XIX. Entre sus fondos destacan algunas obras y objetos notables, como el *Retrato de Rabelais* pintado por Delacroix y la famosa capa de Saint-Mexme, una excepcional seda oriental medieval.

DE CIUDAD EN CIUDAD

■ CAVES PAINCTES ⭐⭐

Impasse des Caves Painctes
℡ 02 47 93 30 44; www.chinon.com
Situadas dentro de las murallas de la ciudad-fortaleza de Chinon, estas bodegas se han convertido en lugar de peregrinación para los admiradores de Rabelais… y del vino. Su aspecto no ha cambiado desde el siglo XVI y todavía se puede oler el hedor de las antiguas canteras. La cofradía de los Entonneurs Rabelaisiens, considerada una de las más prestigiosas de Francia, se reúne aquí de capítulo, solemnemente, cuatro veces al año, y organizan reuniones de capítulo excepcionales bajo petición. También disponen de tres salas de recepción.

■ CAPILLA DE SANTA RADEGUNDA ⭐

Coteau-Sainte-Radegonde
℡ 02 47 93 17 85
www.ville-chinon.com
Antiguo lugar de culto pagano, este emplazamiento semitroglodita fue cristianizado en el siglo VI. En los siglos XII, XVII y XIX se construyó aquí una capilla que albergaba un pozo excavado en la roca, cuya agua tenía fama de curar los ojos el día de san Juan. Entre sus frescos, el más famoso, la *Caza Real,* representa a miembros de la familia Plantagenet, entre ellos a Leonor de Aquitania. Profanada tras la Revolución Francesa, la capilla fue restaurada en el siglo XIX.

■ CHIMOMU

Des Marais, 10
℡ 06 32 63 62 11
https://www.chimomu.fr
Un museo dedicado a las motos que abarca el periodo Youngtimer (de la década de 1960 a la de 1990). Nicolas, que dirige el museo con pasión y de forma amena, te contará la historia de la revolución japonesa de la moto frente a las motos del resto del mundo. Las máquinas, fabricadas en doce países, ocupan trescientos metros cuadrados, y entre ellas encontrarás una réplica de la Harley Chopper de la película *Easy Rider,* la misma Yam AT1 que poseía Brigitte Bardot y la auténtica Kawa turbo de Coluche.

■ FORTALEZA REAL DE CHINON ⭐⭐⭐

Fortaleza de Chinon
℡ 02 47 93 13 45
Véase página 11.

Langeais

Lugar de visita imprescindible en tu descenso por el Loira, Langeais es una ciudad histórica con mucho carácter, bordeada por el río real a un lado y por el bosque, la ladera y los emplazamientos

Calle peatonal en Chinon.

© ALEXANDRE BLOND

trogloditas al otro. También presume de una intensa actividad económica. Más de 150 artesanos, comerciantes e industriales se han instalado aquí. Es una de las ciudades más antiguas de Turena y posee un rico patrimonio arquitectónico, con varias iglesias románicas y un castillo del siglo XV. Fue escenario de un acontecimiento importante para Francia: el matrimonio de Ana de Bretaña y Carlos VIII que supuso la incorporación de Bretaña a Francia.

■ **OFICINA DE TURISMO**
Thiers, 19
℡ 02 47 96 58 22
www.tourainenature.com
Aquí encontrarás toda la información necesaria sobre actividades de ocio, alojamiento y restaurantes en Langeais y sus alrededores. Visitas a la ciudad, rutas históricas y turísticas, castillos (de Vaujours, Champchevrier, Langeais y Marcilly-sur-Maulne), productos locales, eventos, deportes, y mucho más. También podrás admirar el magnífico puente colgante de Langeais.

■ **CASTILLO DE LANGEAIS** ⭐⭐
Plaza Pierre-de-Brosse
℡ 02 47 96 72 60
www.chateau-de-langeais.com
Construido por orden de Luis XI para imponer su autoridad al oeste de Tours, el castillo de Langeais fue el escenario de la boda de Carlos VIII y Ana de Bretaña en 1491, una escena recreada con figuras de cera realistas. Se pueden admirar muebles góticos y una gran colección de tapices, el más famoso de los cuales es el de los Neuf Preux (siglo XVI, Aubusson), un tema que representa a los más grandes caballeros de todos los tiempos. En el patio, la torre

© ALEXANDRE BLOND

Castillo de Langeais.

del homenaje del siglo X es el último vestigio del castillo original. El recinto ofrece espléndidas vistas del Loira. Y durante las fiestas, los interiores se engalanan con mil luces para celebrar la Navidad en el País de los Castillos.

Le Grand-Pressigny

Entre el Parque Natural Loira-Anjou-Turena y el Parque Natural de Brenne, Le Grand-Pressigny se encuentra en la confluencia de los ríos Claise y Aigronne. Este antiguo pueblo conserva calles estrechas flanqueadas por casas antiguas, un reloj de sol, un horno y un caserío troglodita. Pero el motivo para detenerse aquí es, sobre todo, el castillo medieval con su imponente torre del homenaje rectangular, de 35 metros de altura. En el corazón de este sorprendente escenario se halla uno de los mayores museos de prehistoria de Francia. Aquí podrás conocer mejor la vida cotidiana de los maestros canteros del Neolítico tardío y descubrir la particularidad arqueológica de Turena: los sílex de Le Grand-Pressigny.

■ MUSEO DE LA PREHISTORIA

Castillo de Le Grand-Pressigny
✆ 02 47 94 90 20
www.prehistoiregrandpressigny.fr
Si te gusta la historia, este es tu museo. Integrado en Musées de France, te sumergirá en la vida de los maestros talladores del Neolítico y te revelará la importancia de los famosos sílex de Le Grand-Pressigny. El edificio, que data del siglo XII, merece una visita, y sus ricas y envolventes colecciones te llevarán por un fascinante viaje a través de la prehistoria. Una cuidada museografía, actividades cautivadoras para grandes y pequeños y un laboratorio interactivo hacen de este lugar una visita casi obligada.

Loches

¡Bienvenido al sur de Turena! No lejos de Chenonceau, Beauval o La Roche-Posay, Loches domina el valle del Indre. Esta ciudad histórica con carácter posee un patrimonio único, fuertemente marcado por la Edad Media, empezando por el castillo y sus personajes (Ludovico Sforza, Foulques Nerra, Juana de Arco, Enrique II Plantagenet, Ricardo Corazón de León…). Rodeada de murallas, esta fortaleza es una de las mejor conservadas de Europa. Alberga una torre del homenaje milenaria de dimensiones sorprendentes. La colegiata de Saint-Ours es de un espléndido románico, con dos

características excepcionales: el portal policromado y las *dubes* (pirámides octogonales huecas). Alberga la tumba de Agnès Sorel y posiblemente incluso la de Ludovico Sforza, duque de Milán, mecenas de las artes y encarcelado aquí, en Loches. De momento, continúan los análisis de los huesos hallados durante las obras de restauración.

Las moradas reales son testigos del paso de varios reyes de Francia (Carlos VII, Luis XI, Francisco I): una arquitectura y una historia que han influido profundamente en la ciudad tal y como es hoy. Te encantarán sus calles empedradas y sus antiguas casas de piedra.

La ciudad cobra vida en verano, especialmente durante los mercados semanales de los miércoles y los sábados. En el año 2000, esta localidad real recibió el sello Ville et Pays d'Art et d'Histoire. En este marco medieval, el departamento de Patrimonio de la ciudad ofrece cada año un rico programa de eventos para todas las edades.

■ CANCILLERÍA

Château, 8
✆ 02 47 59 48 21
Esta magnífica mansión medieval, también conocida como la Casa del Renacimiento, se puede visitar, ¡y no te costará nada! (es un edificio público). Así que no dudes en hacer aquí una breve parada. Es un lugar ideal para comenzar tu paseo por la región de Lochois, que es una de las zonas más bellas de Francia, en el sentido clásico… Más aún cuando se conoce la historia de la ciudad a través de pinturas y otras recreaciones. Hay muchos espacios de exposición temporales y permanentes. No te pierdas el jardín/anfiteatro, que a veces alberga eventos.

Ciudad Real de Loches.

DE CIUDAD EN CIUDAD

■ CIUDAD REAL DE LOCHES ⭐⭐

Ciudadela. Plaza de Carlos VII
℡ 02 47 19 18 08
www.citeroyaleloches.fr

Construida en la punta de un espolón rocoso que domina el valle del Indre, la Cité Royale consta de dos edificios: la torre del homenaje y la vivienda real. Aquí se alojaron Juana de Arco, Agnès Sorel y Ana de Bretaña. Es un lugar que ha dejado su huella en la historia y que ha vivido muchas vidas. La fortaleza fue incluso transformada en prisión real en el siglo XV por Luis XI. Albergó las mazmorras de Philippe de Commynes y Ludovico Sforza. También se pueden admirar piezas de artillería de esta época expuestas en la terraza de defensa de la torre Luis XI. La vivienda alberga una excelente colección de tapices flamencos y un tríptico de la escuela de Jehan Fouquet. Notable por sus dimensiones (36 metros de altura) y su excelente estado de conservación, la torre del homenaje románica fue construida por Foulques Nerra, conde de Anjou, hacia el año 1000. Sube a ella y obtendrás una vista inmejorable de la ciudad. El jardín medieval también tiene su encanto, y puede contar su propia historia. Es un oasis de paz en el corazón de un edificio militar: para curarse, alimentarse o simplemente tomar el aire.

■ COLEGIATA DE SAINT-OURS ⭐

Ciudadela. Lansyer
℡ 02 47 91 19 50
www.ville-loches.fr
Lado norte de la Ciudadela.

Hay que subir un poco para llegar a esta espléndida iglesia románica construida en los siglos XI y XII. Presenta una magnífica policromía esculpida de figuras y animales del bestiario de la Edad Media, así como dos pirámides conocidas como *dubes*. Estas, junto con la portada románica y las vidrieras, han sido restauradas, y la campaña de restauración de todo el edificio sigue en curso. La colegiata alberga la suntuosa tumba de Agnès Sorel, favorita de

Carlos VII, consistente en un yacente de alabastro sobre una losa y una arqueta de mármol negro.

◼ PASTELERÍA HALLARD

Aristide-Briand, 62 bis
✆ 02 47 91 91 97
www.confiseriehallard.fr
Hallard, toda una institución en Loches desde 1984, está actualmente dirigida por un equipo joven y dinámico encabezado por Jérémy Couton. En este obrador, donde aprendió todo, perpetúa una tradición reconocida en toda Francia, pero con un toque moderno que no compromete la calidad. En la tienda ofrecen una amplia gama de chocolates y dulces recién salidos del obrador. Divertida y emocionante, la visita a los talleres es apta para familias y recomendada para gurmés curiosos.

◼ BOSQUE COMUNAL DE LOCHES

✆ 02 38 65 47 00
Este antiguo bosque real de 3600 hectáreas ha conservado sus senderos e infraestructuras de los siglos XVIII y XIX, con sus caminos forestales y sus cruces en forma de estrella. Se compone principalmente de roble albar, que se utiliza para fabricar barricas. Es el lugar ideal para pasear, montar a caballo, en bicicleta o incluso en patinete eléctrico todoterreno. En 2021, el bosque proporcionó treinta robles para la reconstrucción de la catedral de Notre-Dame de París.

◼ MUSEO LANSYER

Lansyer, 1
✆ 09 63 52 52 52
www.ville-loches.fr
La Maison Lansyer es la casa familiar del pintor Emmanuel Lansyer (1835-1893). Fue alumno de Courbet. Descubre no solo al hombre, sino también al artista, considerado uno de los mejores paisajistas y autor de más de mil quinientos lienzos. Un centenar de ellos están aquí expuestos, además de una excepcional colección de arte japonés, grabados originales de Piranèse, Canaletto, Gustave Doré, Millet, Hugo y Corot, y bocetos de Delacroix. También hay una sala espe-

© BEARFOTOS - SHUTTERSTOCK.COM

Vista aérea de la ciudadela de Loches.

© ALEXANDRE BLOND

Puerta de los Cordeliers de Loches.

cial para familias. Un recorrido lúdico y sensorial por el museo que continúa en el jardín.

TORRE DE SAINT-ANTOINE

Moulins, 2
℡ 02 47 91 82 82
Este edificio del siglo XVI se distingue por su cúpula coronada por una linterna pequeña y esbelta. Desde aquí se puede visitar también la Cancillería y sus columnatas de estilo antiguo, así como las antiguas puertas y las magníficas casas renacentistas. En la iglesia de San Antonio de Loches se descubrieron dos pinturas que han sido estudiadas y restauradas: se trata de dos de los cuatro cuadros comprados a Caravaggio por el cardenal Philippe de Béthune en el siglo XVII. Clasificadas como Monumentos Históricos en 2002, ahora se exponen en la Cancillería.

Richelieu

Situada a orillas del río Vienne, en el límite del Parque Natural Regional Loira-Anjou-Turena, la pequeña localidad de Richelieu debe su nombre y su existencia al cardenal de Richelieu. Ministro de Luis XIII, obtuvo permiso para construir una ciudad-mercado rodeada de murallas y fosos. Sus habitantes estaban exentos de impuestos y tasas. Su estructura cuadriculada y simétrica le confiere una bella armonía. También cuenta con numerosas casas con encanto. Una parte de la colección de arte del cardenal se expone en el Museo Richelieu. Tómate tu tiempo para pasear por el inmenso parque de la ciudad.

CENTRO DE LA CIUDAD

Luis XIII permitió al cardenal de Richelieu construir un pueblo rodeado de murallas y fosos con un mercado. Los habitantes de esta ciudad artificial estaban exentos de todas las cargas e impuestos. Los planos de la localidad y del castillo están firmados por Jacques Lemercier, y las obras fueron realizadas por sus dos hermanos, Pierre y Nicolas, entre 1631 y 1642. Tres puertas monumentales permiten entrar en la ciudad y dan acceso a la plaza Norte o a la plaza Sur, donde hoy se encuentran la iglesia, el mercado cubierto y el ayuntamiento.

CASTILLO DE RICHELIEU

℡ 02 47 98 48 70
www.ville-richelieu.fr
El castillo es un regalo del rey Luis XIII al cardenal de Richelieu por sus servicios y su lealtad. Construido a partir de 1631, la fortaleza estaba situada en la antigua propiedad familiar. Pero la Revolución y los comerciantes de piedra sin escrúpulos se llevaron lo mejor de la obra. Hoy en

DE CIUDAD EN CIUDAD

© ALEXANDRE BLOND

Mercado cubierto de Richelieu, del siglo XVII.

día solo quedan algunos vestigios: una cúpula, el trazado de los canales y las bodegas. El milagro de la tecnología ha permitido al Conseil Général del departamento y a los equipos de investigadores reconstruirlo virtualmente. Los visitantes pueden descubrir su antiguo esplendor en tiempo real gracias a unas gafas 3D.

▌ MUSEO DE RICHELIEU

Place du Marché, 1
☎ 02 47 58 10 13
www.ville-richelieu.fr
Este museo, poco conocido, reúne multitud de objetos procedentes del castillo o que pertenecieron al cardenal de Richelieu. Pinturas, vajilla y loza son vestigios del pasado que te contarán la historia de la ciudad. Aquí se expone una de las colecciones más importantes de pintura y escultura, con bustos esculpidos y retratos de Richelieu. Es una oportunidad para pasear por los bosques del castillo.

▌ PARQUE DEL CASTILLO

Place du Cardinal, 5
www.ville-richelieu.fr
Hacia 1630, Jean-Armand du Plessis levantó el mayor castillo construido en Francia antes de Versalles. Fue abandonado durante la Revolución y demolido en 1853, a excepción de la cúpula, el invernadero y la bodega. En 1877, un banquero, Michel Heine, lo compró para restaurarlo. El parque recuperó su aspecto real e imponente, con sus grandes paseos y elementos acuáticos. Hoy en día, invita a los visitantes a pasear y a explorar los restos del castillo en un entorno verde.

Rigny-Ussé

A medio camino entre Tours y Saumur, Rigny-Ussé está atravesado por los ríos Loira e Indre, responsables de inundaciones regulares a lo largo de la historia. Las casas tradicionales de piedra toba, revestidas de pizarra, han resistido el paso del tiempo. Cuenta la leyenda que el castillo inspiró a Charles Perrault para escribir su famoso cuento *La bella durmiente*. A lo largo de los siglos, el edificio se ha embellecido constantemente, convirtiéndose en un lugar de rara elegancia, ricamente amueblado y con numerosas joyas, entre las que destacan un techo en trampantojo, el salón Vauban y el espléndido jardín francés diseñado por André Le Nôtre, a la sombra de majestuosos cedros del Líbano.

▌ CASTILLO DE USSÉ

☎ 02 47 95 54 05
www.chateaudusse.fr
Se alza majestuoso, dominando el río Indre y su exuberante entorno verde, y es un lugar ideal para hacer fotos nada más llegar. Este castillo es un edificio

atípico, construido entre los siglos XV y XVII. Primero fue un castillo fortificado, con su torre del homenaje del siglo XV, su puente levadizo y su aspecto militar; después, un castillo de estilo renacentista con tres edificios principales, que eran a la vez góticos, renacentistas y clásicos; y finalmente se transformó en residencia de recreo. En el siglo XVII, Ussé adquirió la forma que conocemos hoy, con la construcción del pabellón y la capilla, y la valorización de los jardines franceses diseñados por Le Nôtre y de las terrazas proyectadas por Vauban. Una residencia en la que Chateaubriand se alojaba a menudo. A él se debe el magnífico cedro libanés que se alza orgulloso entre la capilla y el castillo. Pero es a otra figura literaria a quien este castillo debe su renombre mundial. Cuenta la leyenda que el escritor Charles Perrault, inspirado por el romanticismo del entorno de Ussé, escribió aquí el cuento de *La bella durmiente*. Redescubre la historia de la joven y su príncipe azul a través de los personajes a tamaño real escenificados en las distintas salas del castillo: de la princesa Aurora al hada malvada, y al resto las hadas. ¡Es una forma divertida de explorarlo que encantará a los niños! Desde la Edad Media hasta nuestros días, el castillo de Ussé ha sido propiedad de una sucesión de familias, cada una de las cuales ha dejado su propia impronta. Desde hace más de dos siglos es la vivienda familiar del duque de Blacas. El hecho de que esté habitado hace que se encuentre particularmente bien conservado y ricamente amueblado. Hoy, la residencia alberga preciosas obras de arte: muebles de autor, pinturas de grandes maestros, así como una colección de tapices del siglo XVII basados en dibujos de Teniers, que representan escenas rurales y de la vida popular. Los elementos del pasado, como la majestuosa gran escalera, se han conservado magníficamente. La elegancia y el esplendor culminan en la cámara del rey. Esta sala ha visto pasar por sus puertas a grandes personajes, desde Luis XIV hasta Haile Selassie, emperador de Etiopía. No te pierdas la capilla, con sus vistosas vidrieras, ni las caballerizas, con su colección de coches de caballos y finas guarniciones.

DE CIUDAD EN CIUDAD

Castillo de Rigny-Ussé.

Tours ★★★

Antigua ciudad galo-romana y más tarde capital del reino de Francia, Tours goza de una situación excepcional en el centro del valle del Loira. A partir del siglo IV, la influencia de san Martín, obispo de Tours, y el culto a sus reliquias propiciaron la creación de un nuevo centro de actividad. La basílica que alberga sus restos se convirtió en uno de los centros del cristianismo occidental. En el siglo XIV, la ciudad conoció un nuevo auge con la industria de la seda.

Cuna del primer Renacimiento francés, Tours conserva los signos de un desarrollo artístico sin precedentes, como el remate de las torres de la catedral, los restos del claustro de San Martín, los palacetes Goüin y Babou de la Bourdaisière… Ciudad tranquila, soberbia y agradable, organizada metódicamente en pequeños barrios con espíritus muy diferentes, no podrás evitar dejarte seducir por su encanto. Las casas con entramado de madera, la catedral de Saint-Gatien, el puente Wilson (antiguo puente de piedra) y el castillo son visitas obligadas, al igual que la plaza Plumereau, antigua plaza del mercado, barrio peatonal e histórico con la basílica de San Martín y la torre Carlomagno, que alberga numerosos cafés y restaurantes.

Conocida como la capital francesa de los jardines, Tours también aprovecha al máximo sus 630 hectáreas de espacios verdes. Todos los años, a finales de abril o principios de mayo, organiza su Día Verde.

■ **OFICINA DE TURISMO DE TOURS VAL DE LOIRE**
Bernard-Palissy, 78-82
✆ 02 47 70 37 37
www.tours-tourisme.fr

La gente viene aquí a pedir consejo, a reservar excursiones o alojamiento, o para reunir toda la información que necesita para explorar Turena. Disponen de información completa sobre los castillos, exposiciones, viñedos, excursiones, paseos por el Loira y restaurantes. También puedes beneficiarte de su servicio de venta de entradas.

© LEONID ANDRONOV

Puente Wilson, en Tours.

■ ABADÍA DE MARMOUTIER
Saint-Gatien, 60
✆ 02 47 70 37 37
www.tours-tourisme.fr
Monasterio, hospital militar, estableci-
miento educativo… El emplazamiento de
Marmoutier ha tenido varias vidas desde
su fundación por san Martín de Tours en
el siglo IV. En su época de esplendor, la
finca ocupaba diecisiete hectáreas a lo
largo del río. Las excavaciones arqueológicas siguen desvelando el pasado de
este lugar. La oficina de turismo ofrece
visitas guiadas a las ruinas y al yacimiento durante todo el año. Además de su
interés histórico, la visita al lugar ofrece
magníficas vistas de la ciudad y del Loira.

■ ATELIER D'OFFARD
Avenue Maginot, 21
✆ 02 47 67 93 22
www.atelierdoffard.com
Desde 1999, François-Xavier Richard
ha vuelto a poner de moda el papel
pintado con impresión a la plancha, un
antiguo oficio que sigue practicando en
Tours. Elabora papeles para museos y
castillos, así como creaciones contemporáneas para particulares, empresas e
instituciones diversas. Con una oficina
en Japón y exposiciones por todo el
mundo, el taller ha sido reconocido y
galardonado con numerosos premios. Es
posible descubrir la calidad de su trabajo
y comprar algunos objetos durante las
jornadas de puertas abiertas que organiza regularmente.

■ BASÍLICA DE SAN MARTÍN ⭐
Baleschoux, 7
✆ 02 47 05 63 87
www.basiliquesaintmartin.com
Martín, el emblemático obispo de Tours
y hacedor de milagros, fue enterrado

Basílica de San Martín de Tours.

en esta misma ciudad. Cuarenta años
después de su muerte se construyó un
edificio de madera para albergar su
tumba y parte de su famoso manto.
Ante el éxito de aquel santuario, en el
año 470 se levantó una primera basílica.
Evolucionó a lo largo de los siglos, hasta
que la colegiata se derrumbó a finales del
siglo XVIII. Hoy en día es una basílica
del siglo XIX, diseñada por el arquitecto
de Turena Victor Laloux, que se puede
visitar. La cripta sigue albergando la
tumba del santo.

■ CATEDRAL
DE SAN GACIANO ⭐⭐
Lavoisier
✆ 06 62 36 42 89
Se puede ver nada más llegar a Tours,
con sus dos torres que culminan a 69 y
70 metros de altura. Este edificio es
el cuarto templo religioso construido
en el mismo lugar, una obra maestra
que combina la arquitectura gótica y

renacentista. Juana de Arco y varios reyes de Francia, así como los peregrinos de Compostela, se han detenido aquí. Tiene 800 metros cuadrados de altas vidrieras, y su coro presenta un buen ejemplo del arte de los vitrales franceses del siglo XII. Los rosetones del transepto y de poniente, dedicados a san Martín, se realizaron entre 2010 y 2013.

■ EL CCC OD ⭐
Jardin François-1er
℘ 02 47 66 50 00
www.cccod.fr
Tranvía de la Puerta del Loira.
El Centro de Creación Contemporánea Olivier Debré presenta una decena de exposiciones temporales al año y es una de las instituciones más importantes para el arte contemporáneo en Francia. Diseñado por los hermanos Aires Mateus en 2016, el edificio alberga cuatro grandes espacios expositivos y permite al público disfrutar de varias exposiciones en una sola visita. Las conferencias, las visitas guiadas, los talleres para niños y los encuentros en el centro de arte o en la librería permiten enriquecer la visita de forma original.

■ CASTILLO DE TOURS ⭐
Avenue André-Malraux, 25
℘ 02 47 21 61 95
https://chateau.tours.fr
Este castillo es un magnífico centro de exposiciones. El edificio abarca varios periodos históricos: dos torres datan de la Edad Media y el pabellón de Mars, en el centro, se construyó en el siglo XVIII. La residencia de los gobernadores, por su parte, data del siglo XVI y se asienta sobre la antigua muralla galo-romana. Tras servir de cuartel militar hasta la década de 1960, el castillo pasó a manos

del municipio, lo que lo convirtió en un centro de exposiciones. La colaboración con el Jeu de Paume de París permite a los visitantes disfrutar de exposiciones fotográficas ineludibles y de una amplia gama de artistas (escultura, pintura, etc.).

■ CLAUSTRO DE LA PSALETTE ⭐
Plaza de la Catedral
℘ 02 47 47 05 19
www.cloitre-de-la-psalette.fr
El claustro de la Psalette se ve desde la calle, aunque se accede desde el interior de la catedral de San Gaciano. Se construyó entre 1442 y 1525, cuando albergaba a los canónigos que trabajaban en los manuscritos iluminados. Su patio, rodeado de galerías, es testigo de la transición entre los periodos gótico y renacentista. Una notable escalera de caracol te conducirá al *scriptorium* y a la librería capitular, donde destacan las vidrieras. Esta espléndida arquitectura aparece en *El cura de Tours* de Honoré de Balzac.

© ALEXANDRE BLOND

Claustro de la Psalette.

■ **FUENTE DE BEAUNE**
Place de Beaune-Semblançay
☎ 02 47 21 62 67
Construida en 1506 por Bastien y Martin François, sobrinos del escultor Michel Colombe, y financiada por Jacques de Beaune, esta fuente fue trasladada por primera vez a la plaza del Grand Marché en el siglo XVIII. En 1958, fue finalmente emplazada en las ruinas del palacete de Beaune-Semblançay, edificio destruido casi en su totalidad durante el bombardeo de Tours en 1940. Al pie de la fuente, que sigue en uso hoy en día, se encuentra una obra de Cécile Pitois: dos simulacros de delicados cojines sobre los que pedir un deseo, lo que la ha convertido en «fuente de los enamorados».

■ **PALACIO GOÜIN**
Commerce, 25
www.hotelgouin.fr
Joya del Renacimiento, el palacio Goüin recobró su lustre de antaño hace unos años con la restauración de su fachada, gracias al Consejo departamental de Indre y Loira. Este palacete fue comprado en el siglo XVII por una familia de banqueros llamada Goüin. Se puede admirar desde la calle, a través de las puertas del patio, y se puede visitar durante las exposiciones que organiza regularmente el Consejo departamental. Es una oportunidad para descubrir el edificio y los artistas locales, además de otros nacionales e internacionales.

■ **JARDÍN DES PREBENDES D'OÉ**
☎ 02 47 21 62 67; www.tours.fr
Jardin Remarquable: una etiqueta bien merecida para este jardín creado por los hermanos Bühler, ilustres paisajistas del siglo XIX. Emplazado en el corazón

© ALEXANDRE BLOND

Museo de Bellas Artes.

del barrio de Prébendes, es un oasis de verdor en medio de la ciudad. Con su pequeño lago de nenúfares, donde se mueven cisnes blancos y negros y ánades reales, el parque es una delicia para los paseantes jubilados y las familias del barrio. A menudo se utiliza como telón de fondo para las fotos de boda, y el quiosco de música acoge conciertos.

■ **MUSEO DE BELLAS ARTES** ⭐⭐
Place François Sicard, 18
☎ 02 47 05 68 82
https://mba.tours.fr
Emplazado en el antiguo palacio arzobispal, el Museo de Bellas Artes es tan atractivo por su jardín francés como por sus colecciones. Tras descubrir el cedro centenario y el elefante Fritz en el patio, se puede disfrutar de las colecciones de pinturas, esculturas y cerámicas que permiten explorar el arte de los siglos XIV al XX, incluidas algunas obras maestras (Rembrandt, Rubens, Monet y Delacroix).

Las excelentes exposiciones temporales completan un variado y original programa de visitas y actividades.

■ **MUSEO DEL COMPAGNONNAGE** ⭐⭐
Nacional, 8
✆ 02 47 21 62 20
www.museecompagnonnage.fr
Tranvía: parada Anatole France.
Clasificado como Musée de France, este singular museo bien merece una visita. Inaugurado en 1968 gracias a los esfuerzos de Roger Lecotté, conservador de la Biblioteca Nacional y especialista en *compagnonnage* (gremios), es en realidad la ampliación de un museo inicial llamado «musée compagnonnique», que existía desde septiembre de 1911 y estaba situado en la plaza Anatole France. Instalado en la antigua abadía de San Julián, descubrirás unas colecciones excepcionales: las grandes obras maestras de los carpinteros, ebanistas y techadores del siglo XIX, los atributos de los *compagnons*, pinturas, herramientas y archivos. Están representados una treintena de oficios. Aquí podrás sumergirte en las tradiciones, rituales y símbolos de los *Compagnons du tour de France*, desde sus orígenes hasta nuestros días. Se trata de un magnífico museo dedicado a una institución que sigue muy viva, sobre todo en Turena. Al contemplar las maquetas de los aprendices de oficiales, uno no puede dejar de maravillarse ante el detalle y la minuciosidad. Y no olvidemos que el *compagnonnage* no solo pretende el desarrollo profesional de sus miembros, sino también educarles, inculcarles valores, gestos, la ayuda mutua y dar un sentido a sus vidas.
Una visita a este mundo insólito también seducirá a los más jóvenes: eventos regulares, exposiciones temáticas y actividades para niños hacen de este un lugar dinámico y atractivo.

■ **MUSEO DE HISTORIA NATURAL**
Président-Merville, 3
✆ 02 47 21 68 08
www.museum.tours.fr
En este museo encontrarás exposiciones

Museo del Compagnonnage.

científicas sobre temas variados, presentadas de forma lúdica y pedagógica para toda la familia. En la segunda planta se halla la exposición dedicada a los fondos de historia natural: animales disecados, artrópodos y mamíferos, colecciones de rocas y fósiles… El vivario, de doscientos metros cuadrados, alberga una colección viva de serpientes, lagartos, tortugas y peces.

PARQUE DE SANTA RADEGUNDA
Quai Paul-Bert
www.tours.fr
No estás soñando: ¡lo que ves en este parque son llamas! Se trata de uno de los mayores parques de la ciudad, con grandes extensiones de césped, mesas de madera y un parque infantil que lo convierten en el lugar perfecto para un pícnic. Y en un rincón del parque se hallan nuestras famosas llamas. Los caminantes y los ciclistas no deben dudar en pasear por las callejuelas del barrio de Paul Bert, o bordear el río en dirección a Rochecorbon. Ideal para corredores y de fácil acceso en bicicleta, esta propuesta es la promesa de un soplo de aire fresco a un tiro de piedra del centro.

PASAJE DE CŒUR NAVRE
Colbert, 64-66
¡Un pequeño secreto de Turena para descubrir durante tu paseo por la calle Colbert! Busca el panel que indica «Passage du Coeur Navré»: por desgracia, no es el callejón más limpio de la ciudad, pero sí el más estrecho. Cuenta la leyenda que los condenados a muerte utilizaban este pasadizo para llegar al patíbulo de la plaza Foire-le-Roi. ¡Da escalofríos! Pero en pleno día, es una curiosidad que no hay que perderse para contemplar las bóvedas, el tejado, las

Plaza Châteauneuf.

DE CIUDAD EN CIUDAD

viejas piedras… y sumergirse en una historia que recuerda a la del puente de los Suspiros de Venecia.

PLAZA CHATEAUNEUF
Completamente peatonalizada en 2017, ahora puedes descansar en uno de sus bancos rodeados de vegetación o sentarte en alguna de las terrazas de los bares y restaurantes. La fuente Beaune-Semblançay debería unirse pronto a la plaza. Pero ya puedes disfrutar de unas increíbles vistas de la torre Carlomagno, la torre del Reloj y la cúpula de la basílica de San Martín. Uno de los lugares más bonitos de Tours, perfecto para hacer una parada durante la visita al casco antiguo.

PLAZA PLUMEREAU ⭐⭐⭐
… o «plaza Plum» para los locales. Es uno de los lugares emblemáticos e ineludibles de Tours durante una visita o una velada festiva. Situada en el corazón del

© ALEXANDRE BLOND

Ayuntamiento de Tours.

casco antiguo, tiene forma rectangular y está pavimentada en dos niveles. Se encuentra rodeada de casas con entramados de madera que datan del siglo XV y que están catalogadas como Monumentos Históricos.

Plum' palpita con el turismo y el comercio durante el día, antes de convertirse en el corazón de la vida nocturna. Porque lo que la hace especial son los numerosos cafés, bares y restaurantes situados en los alrededores. Todos ellos extienden sus terrazas en el centro, dando a la plaza su famosa animación.

Pero, como muchos lugares del valle del Loira, la plaza Plumereau también está muy vinculada a la historia de Francia. Se dice que aquí se alojó Juana de Arco mientras mandaba hacer su armadura y reunía a su ejército para ir a liberar la ciudad de Orleans. La plaza Plumereau no siempre se ha llamado así. En 1888 recibió el nombre de Charles Plumereau, concejal de la ciudad que, a su muerte, legó al consistorio una renta vitalicia para las escuelas laicas, así como las casas situadas en la plaza. Este lugar ha vivido muchas vidas hasta su restauración en la década de 1960, que dio lugar a su forma actual.

■ BARRIO DE LAS ARTES
Casco antiguo
✆ 06 23 06 26 27

El Quartier des Arts no es uno de los barrios oficiales de la ciudad, pero desde hace poco cuenta con su propia señalización. Esta pequeña plaza, formada por las calles Petit Saint-Martin, Grand Marché y Etienne Marcel, está poblada de estudios de artistas y galerías de exposiciones, como *Les Couleurs et les Sons se Répondent.* Todos estos creativos (una treintena en total) han formado una asociación para promover su trabajo y su barrio.

■ TORRE CARLOMAGNO
Halles

℅ 02 47 21 61 88; www.tours.fr

Hay que subir 248 escalones para ganarse la vista panorámica de la ciudad que se obtiene en las visitas guiadas. En el pasado, la torre Carlomagno coronaba el brazo norte del crucero de la colegiata medieval dedicada a san Martín. La colegiata ha desaparecido, y solo quedan de ella la torre del Reloj y esta. Cerrada en 1972, ahora está abierta de nuevo a los visitantes. Desde lo más alto (48 metros de altura) ofrece unas vistas impresionantes del casco antiguo, y en verano se puede añadir la opción de una visita-vermut para disfrutar de un momento inolvidable en el corazón de Tours.

Villandry

Enclavado entre los ríos Loira y Cher, Villandry es sin duda el pueblo que mejor representa la expresión «el jardín de Francia», atribuida al valle del Loira en Turena. Pero, ¿cómo hablar de Villandry sin mencionar su castillo y sus jardines? Originariamente una fortaleza feudal, el castillo debe su estilo renacentista francés a Jean Le Breton. A él se deben la galería porticada, las pilastras ricamente decoradas y el tejado a dos aguas. Los jardines del castillo son de visita obligada por la armonía general de cada parcela, la paleta de colores y las fragancias que emanan de todas partes.

■ VILLANDRY TOURISME
Le Potager

℅ 02 47 50 12 66

www.tours-tourisme.fr

Un punto de información para descubrir, entre otras cosas, el castillo de Villandry y su magnífico jardín francés, los castillos de Montsoreau, Brézé y Rivau, los jardines, los museos, las cuevas Pétrifiantes de Savonnières… También

Castillo y jardines de Villandry.

© ALEXANDRE BLOND

DE CIUDAD EN CIUDAD

te darán ideas para el alojamiento y los restaurantes locales, o sobre cómo recorrer el Loira en bicicleta.

■ LES ATTELAGES DE VILLANDRY
Les Petites Rivières
✆ 02 47 51 15 60
www.lesattelagesdevillandry.com
Instalados en una granja familiar de unas veinte hectáreas, cerca del famoso castillo de Villandry, Daniel y su equipo te invitan a descubrir el valle del Loira al ritmo tranquilo de los caballos de tiro. A bordo de calesas cubiertas, aptas para todas las estaciones, explora los parajes vírgenes de la confluencia de los ríos Cher y Loira. Cada paseo va acompañado de comentarios que te ayudarán a comprender la historia de Turena, su fauna, su flora y sus paisajes.

■ CASTILLO Y JARDINES DE VILLANDRY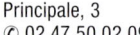
Principale, 3
✆ 02 47 50 02 09
www.chateauvillandry.com
Los orígenes de este castillo se remontan a la Edad Media: fue edificado, con el nombre de Colombiers, en el siglo XI. En aquella época era una fortaleza construida sobre una plataforma rodeada por un foso, con la disposición típica de la época: un edificio principal flanqueado por dos alas. En 1532, Jean Breton adquirió la propiedad y transformó la fortaleza en un castillo representativo del estilo renacentista, priorizando su función estética sobre la defensiva. Muy reformado en el siglo XVIII por su nuevo propietario, Michel-Ange de Castellane, habría que esperar hasta principios del siglo XX para que Joachim Carvallo le

devolviera su estilo renacentista eliminando los añadidos arquitectónicos y restableciendo el carácter de las fachadas. También se dedicó a reconstruir los jardines, inspirándose en obras de referencia del arte renacentista, tomando prestado el huerto de la tradición monástica y la ornamentación de la influencia italiana. Hoy en día, estos jardines ecológicos figuran entre los más bellos de Francia. Sus descendientes los siguen cuidando. Además, el equipo de diez jardineros ofrece su cosecha de verduras a los visitantes al final de la temporada. También se pueden degustar los productos en el restaurante del castillo, La Douce Terrasse.
Como parte de su compromiso con la biodiversidad, Villandry fue el primer castillo en unirse a la red Refuge LPO, con casi noventa especies de aves catalogadas y protegidas. En el marco de esta colaboración con la LPO, el proyecto Chirocam permite a los visitantes conocer el funcionamiento de la colonia de murciélagos que anida en el desván del castillo.
«Villandry en famille» (Villandry en familia) es una forma lúdica y activa de que los visitantes más jóvenes descubran el lugar, los jardines y el trabajo que se realiza en ellos. Del exterior al interior, con la biblioteca, la pinacoteca, los dormitorios, la sala Francisco I, el comedor, la cocina y el inesperado salón oriental, decorado con un sublime techo hispano-morisco procedente del palacio de los duques de Maqueda, Villandry ofrece al viajero una visita cargada de historia y de curiosidades, a la que merece la pena dedicar un día entero.

LOIR Y CHER

LOIR Y CHER

Blois ⭐⭐⭐

A medio camino entre Tours y Orleans, esta ciudad se sitúa a ambos lados del Loira, aunque la mayor parte se halla en su margen derecha. Blois siempre se ha beneficiado de su posición geográfica: cerca de la capital, en el centro de Francia, a orillas de su río más grande y en un cruce de caminos estratégico. Aunque su origen galo-romano no se pone en duda, los vestigios de una antigua fortaleza de época carolingia, del siglo IX, son los primeros que delatan la importancia de la localidad. Pero la historia en mayúsculas de Blois comenzó realmente a escribirse con Juana de Arco, cuando se disponía a liberar Orleans e hizo de Blois su cuartel general antes del ataque. Se convirtió en localidad real con Luis XII y su esposa Ana de Bretaña. El monarca hizo del castillo su residencia, que Francisco I amplió y reforzó. En los pasillos de este castillo se produjo uno de los episodios más llamativos e importantes de la historia de Francia: el asesinato, en vísperas de la Navidad de 1588, del duque de Guise y de su hermano cardenal por los *mignons* (los favoritos) de Enrique III, poniendo fin a las ambiciones declaradas de la familia de Guise. La ciudad y su castillo estuvieron marcados por el embellecimiento de dos arquitectos de renombre: Mansart, que aportó un ala al castillo en 1635, y Jacques Gabriel, unas décadas más tarde, que diseñó el puente que ahora lleva su nombre.

© ALEXANDRE BLOND

Blois, en la orilla del río Loira.

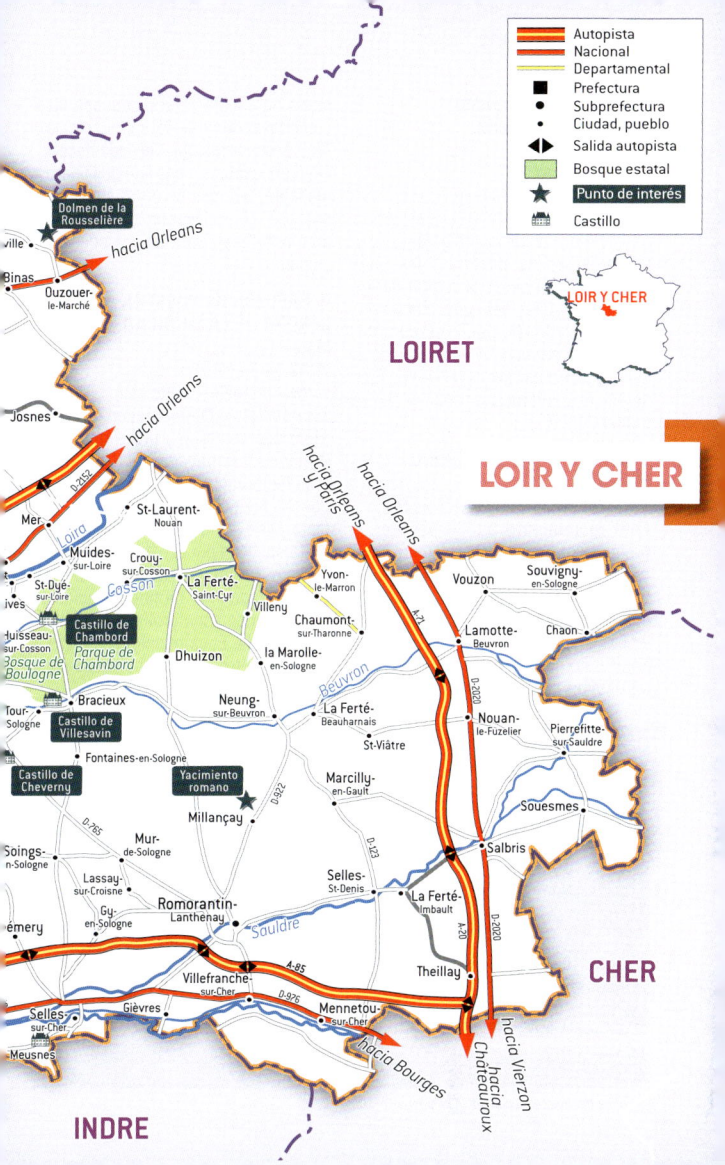

Leyenda

	Autopista
	Nacional
	Departamental
■	Prefectura
●	Subprefectura
·	Ciudad, pueblo
◄►	Salida autopista
	Bosque estatal
★	**Punto de interés**
	Castillo

LOIR Y CHER

LOIRET

CHER

INDRE

Dolmen de la Rousselière

hacia Orleans

Binas

Ouzouer-le-Marché

Josnes

hacia Orleans

Mer

Muides-sur-Loire

Crouy-sur-Cosson

St-Laurent-Nouan

St-Dyé-sur-Loire

ives

uisseau-sur-Cosson

Castillo de Chambord

Parque de Chambord

Bosque de Boulogne

La Ferté-Saint-Cyr

Villeny

Dhuizon

Yvon-le-Marron

Chaumont-sur-Tharonne

la Marolle-en-Sologne

hacia Orleans y París

hacia Orleans

hacia Orleans

Vouzon

Souvigny-en-Sologne

Lamotte-Beuvron

Chaon

Tour-Sologne

Castillo de Villesavin

Bracieux

Neung-sur-Beuvron

La Ferté-Beauharnais

St-Viâtre

Nouan-le-Fuzelier

Pierrefitte-sur-Sauldre

Castillo de Cheverny

Fontaines-en-Sologne

Yacimiento romano

Millançay

Marcilly-en-Gault

Souesmes

Soings-n-Sologne

Mur-de-Sologne

Lassay-sur-Croisne

Gy-en-Sologne

Romorantin-Lanthenay

Selles-St-Denis

La Ferté-Imbault

Salbris

émery

Villefranche-sur-Cher

Gièvres

Mennetou-sur-Cher

Theillay

hacia Vierzon

Selles-sur-Cher

Meusnes

hacia Bourges

hacia Châteauroux

■ OFICINA DE TURISMO DE BLOIS-CHAMBORD

La Voûte, 5

☎ 02 54 90 41 41

www.bloischambord.com

Situada en la ladera que sube al castillo real de Blois, la oficina de turismo es el punto de partida ideal para descubrir todos los tesoros de la región de los grandes castillos del Loira. Encuentra tu alojamiento, un buen restaurante, ideas para paseos en bicicleta por el Loira o por el corazón de los bosques de Sologne, información sobre visitas a monumentos…

■ ATRIO DE SAN SATURNINO

Munier

☎ 02 54 90 33 32; www.blois.fr

Este monumento puede parecer, a primera vista, un apacible claustro, pero en realidad esconde otra historia. Se trata de un raro cementerio de galerías cubiertas, uno de los cuatro que existen en Francia. Situado frente a la iglesia de Saint-Saturnin (san Saturnino), albergó a los difuntos hasta principios del siglo XIX,

antes de encontrar una segunda vida como lavandería del hospital cercano. Aquí descubrirás una delicada decoración renacentista y una llamativa danza macabra, testigos de otro tiempo. Las preciosas colecciones lapidarias ofrecen una auténtica visión del pasado de la ciudad.

■ BASÍLICA DE NUESTRA SEÑORA DE LA TRINIDAD

Monin

☎ 02 54 74 47 20

www.sanctuaire-trinite.com

Este edificio contemporáneo se construyó con cemento y grava del Loira. Iniciado en la década de 1930 por el arquitecto Paul Rouvière, muerto en la guerra, fue terminado al final del conflicto por Yves-Marie Froidevaux. Una visita obligada por el estilo art déco del edificio, su mobiliario y las vidrieras y el vía crucis de Lambert-Rucki, de proporciones asombrosas. No olvides ver la cripta. El campanario se eleva a sesenta metros de altura y ofrece unas vistas impresionantes del Loira.

© VOLKER RAUCH - SHUTTERSTOCK.COM

Basílica de Nuestra Señora de la Trinidad.

© PATRICKW · FOTOLIA

Catedral de San Luis.

■ CATEDRAL DE SAN LUIS ⭐

Place Saint-Louis, 7-B
✆ 02 54 78 17 90
http://www.bloischambord.com

La primera iglesia de Blois se construyó hacia el año 450 frente al castillo. En el siglo X se trasladaron allí las reliquias de san Solen de Chartres, a la cripta, que sirvió de tumba del santo. Gravemente dañado por el huracán de 1678, el edificio fue reconstruido gracias al apoyo de Colbert, cuya esposa era natural de Blois. En 1697, la colegiata se convirtió en la catedral de Saint-Louis. Tras los bombardeos de la Segunda Guerra Mundial, los trabajos de restauración incluyeron la colocación de unas vidrieras contemporáneas.

■ CENTRO DE LA RESISTENCIA, DEPORTACIÓN Y MEMORIA ⭐⭐

Victor-Hugo, 6
✆ 02 54 44 67 40; www. blois.fr

Tuvo que pasar medio siglo para que este Centro viera finalmente la luz, impulsado por la determinación y las donaciones de los miembros de la Resistencia y sus familias, deseosos de transmitir su memoria a las generaciones más jóvenes. Ocho salas sumergen al visitante en la Segunda Guerra Mundial y recorren la historia nacional y local de este período. De este modo, contribuyen a ganar una última batalla: la de no olvidar el valor y el sacrificio de todos aquellos que trabajaron y lucharon por su país.

■ CASTILLO DE MÉNARS

Este magnífico castillo, que domina el Loira, fue construido hacia 1646 a petición de Guillaume Charron, en aquel momento asesor del rey. En 1760 lo adquirió Madame de Pompadour, quien mandó levantar nuevos edificios y reformar el interior. Pero la favorita del rey Luis XV apenas disfrutó de su casa, ya que murió en 1764. La residencia pasó entonces a manos de su hermano, el marqués de Marigny.

CASTILLO REAL DE BLOIS ★★★★

Plaza del Castillo
✆ 02 54 90 33 33
Véase página 15.

SENDEROS PEATONALES SEÑALIZADOS

Oficina de Turismo
✆ 02 54 90 41 41
www.bloischambord.com
Identificadas con símbolos distintos, denominados *p'tits clous* (pequeños clavos), se trata de cuatro rutas que parten del centro de la ciudad y que invitan a realizar un viaje en el tiempo y en el espacio. El puercoespín te guiará hacia la zona del castillo. La flor de lis te llevará al corazón del barrio de Puits-Châtel. Con las flechas de san Nicolás irás al barrio estudiantil, jalonado por las antiguas abadías. Y, finalmente, embarca en una gabarra, el emblemático barco del río real, para navegar por el Loira y admirar algunas de las mejores vistas de la ciudad.

CONVENTO DE LOS JACOBINOS – MUSEO DE ARTE RELIGIOSO ★

Anne-de-Bretagne
✆ 02 54 90 21 00
www.blois.fr
Del convento fundado en el siglo XIII, solo han sobrevivido a los estragos de la Revolución y a la apertura de nuevas calles unos vestigios del siglo XV. Estos edificios albergan actualmente el Museo de Historia Natural y el Museo de Arte Sacro. Este último exhibe una rica colección de imágenes que datan de los siglos XIV al XX, notables tejidos litúrgicos, platería de los siglos XVI al XX, así como relicarios, libros antiguos y piezas de forja.

Castillo Real de Blois. A la derecha: retrato de Antonietta Gonsalvus, obra de Lavinia Fontana.

© JSSII - ISTOCKPHOTO

Iglesia de San Nicolás.

■ IGLESIA DE SAN NICOLÁS ⭐
Saint-Laumer
✆ 02 54 78 17 90
www.pastoraledutourisme41.fr
Tras cinco años de restauración, esta antigua abadía benedictina de los siglos XII y XIII ha recuperado su antiguo esplendor. Es la iglesia más antigua de Blois y su arquitectura es una armoniosa mezcla de estilos románico y gótico, con una nave que recuerda a la catedral de Chartres. Su rosetón de vidrieras difunde una luz admirable por todo el interior. El altar de Santa María Egipcíaca, del siglo XV, es otro elemento notable, al igual que el exterior, con sus tejados de pizarra, contrafuertes y agujas.

■ IGLESIA DE SAN SATURNINO
Place de Saint-Saturnin
✆ 02 54 90 41 42
www.pastoraledutourisme41.fr
Los barqueros del Loira venían aquí a honrar a Notre-Dame des Aydes (Virgen del Socorro), patrona de la ciudad, para agradecerle su protección. La primera iglesia, construida en el siglo X, fue destruida varias veces antes de ser reconstruida, primero en el siglo XVI a instancias de Ana de Bretaña, y de nuevo en el siglo XVII tras un incendio provocado por los protestantes durante las guerras de religión. Enfrente, al otro lado de la calle, se encuentra el Aître, uno de los últimos cementerios de galerías aún visibles en Francia. Actualmente alberga el museo lapidario de la ciudad.

■ FONDATION DU DOUTE
Paix, 14
✆ 02 54 55 37 40
www.fondationdudoute.fr
La Fondation du Doute no es un museo ni un centro de arte tradicional, sino un espacio único impregnado del espíritu del movimiento Fluxus (al que pertenece Yoko Ono). Reúne más de trescientas obras de unos cincuenta artistas, repartidas en dos plantas. Dirigida por Ben Vautier, la fundación lleva la

marca del artista desde la entrada, con sus famosos aforismos cubriendo la fachada. En la planta baja, el Café Fluxus es más que un simple café: es también un lugar de intercambios, debates y difusión artística. Una visita obligada tanto para los amantes del arte como para los visitantes curiosos.

■ FUENTE DE LUIS XII
Place Louis XII

Monumento histórico protegido, la fuente de L'Arsis de los condes de Blois, también conocida como fuente de Luis XII, era originariamente medieval, pero fue completamente reconstruida (e incluso trasladada) bajo Luis XII (quien le da el nombre) hacia 1511. Fue diseñada por el maestro Pierre de Valence durante las obras del sistema de abastecimiento de agua de la ciudad. En aquella época, Blois contaba con no menos de siete fuentes, todas ellas alimentadas por el mismo depósito, llamado «gouffre», que se encuentra bajo la iglesia de San Vicente. La fuente Luis XII es la más bella de estas siete fuentes conocidas como las «Grandes Fontaines». La fuente de Luis XII, dañada durante la Revolución, fue restaurada a finales del siglo XIX.

■ JARDINES DEL OBISPADO
Rue Vauvert
℗ 02 54 44 50 50; www.blois.fr

Los jardines del Obispado, que dominan el Loira y ofrecen un magnífico panorama de la parte baja de la ciudad, se extienden por terrazas trazadas desde el siglo XIX. Albergan una excepcional rosaleda y un jardín sensorial donde crecen diversas plantas medicinales. Los paisajistas Arnaud Maurières y Eric Ossart han reunido variedades antiguas y modernas de rosas, elegidas por la riqueza de sus colores y la intensidad de sus fragancias. En cuanto al jardín sensorial, invita a los visitantes a despertar plenamente sus sentidos.

■ JARDINES DE LAS PLANTAS Y FLORES REALES
Avenue Jean-Laigret
℗ 02 54 44 50 50

Barcaza en el Loira.

Casa de la Magia.

DE CIUDAD EN CIUDAD

Regálate un doble placer: el aroma de las plantas medicinales y las soberbias vistas sobre el Loira te invitan a una experiencia sensorial que no debes perderte. Disfruta de una dosis de contemplación mientras paseas por casi dos hectáreas de naturaleza diseñadas en estilo contemporáneo por Gilles Clément en 1992. Un lugar ideal para pasear que permite observar la gruta artificial de la amatista y su cascada, y contemplar la majestuosidad del río real.

◼ EL LOIRA EN BICICLETA
✆ 02 54 58 41 41
www.loireavelo.fr
Quienes lo han probado lo han disfrutado. El Loira en bicicleta es otra forma de descubrir las regiones Centro y Países del Loira, y más concretamente sus castillos. Las rutas, de casi ochocientos kilómetros, están muy bien planificadas. La fórmula es bastante original y permite tomarse el tiempo necesario para las visitas. Los paseos son divertidos y ofrecen una experiencia de turismo verde, deportivo y cultural. Sin duda, es una idea para recomendar a cualquiera que quiera tomarse las cosas con calma y olvidarse de las prisas y el estrés.

◼ CASA DE LA MAGIA ROBERT-HOUDIN ⭐
Plaza del Castillo, 1
✆ 02 54 90 33 33
www.maisondelamagie.fr
Situada frente al castillo de Blois, la Casa de la Magia se ha convertido en uno de los puntos neurálgicos de la ciudad. El espectáculo de las cabezas de dragón que asoman por las ventanas sigue siendo una de las atracciones que los turistas de Blois no pueden perderse. Toda la museografía se revisa periódicamente para sumergir aún más a los visitantes en el universo de Robert-Houdin, quien, antes que un ilusionista de talento, fue ante todo un científico e inventor adelantado a su tiempo.

■ CASA DE LOS PARAGUAS

Fossés du Château, 2
☎ 02 54 46 99 92
www.lamaisondesparapluies.com

Si hay un objeto tan indispensable que aceptamos que nos estorbe tanto como sea necesario, este es el paraguas. Pero este accesorio puede ser objeto de muchas decepciones, porque la calidad de los productos de oriente no siempre está a la altura. Por eso, para quienes quieran visitar los castillos del Loira con un mal día, la Casa de los Paraguas de Blois ofrece una gama de paraguas hechos a mano, personalizables y totalmente reparables. No se trata de artículos desechables, sino de productos de calidad que te acompañarán durante años.

■ CASA DEL PARQUE

Granja de Brisebarre
☎ 02 54 43 56 44
www.blois.fr

En pleno centro de la ciudad, en el corazón del parque de L'Arrou, esta antigua granja ha recobrado vida para convertirse en un lugar de encuentro donde compartir la pasión por las plantas. Aquí se puede volver a entrar en contacto con la madre naturaleza. Podrás aprender a plantar, cultivar y hacer esquejes con el cambio de las estaciones, a través de una amplia gama de actividades que incluyen exposiciones temporales, conferencias y talleres. En el huerto, muy didáctico, aprenderás todo sobre las plantas aromáticas, algunas con propiedades medicinales, y sobre hortalizas olvidadas como las chirivías, las alcachofas chinas, los colinabos… También ofrecen un amplio abanico de actividades para elaborar cestería con plantas silvestres, mediante la

Plaza del casco antiguo.

técnica de la estera de paja o la más tradicional del mimbre. Si lo prefieres, puedes hacer música con estas mismas plantas o aprender a cocinarlas según la estación. La Maison du Parc también organiza fiestas de cumpleaños para niños pequeños (previa reserva, mínimo diez niños). Es un lugar relajante y muy educativo, ¡una forma estupenda de aprender divirtiéndose!

■ MUSEO DE BELLAS ARTES DE BLOIS

Castillo de Blois
☎ 02 54 90 33 33
www.chateaudeblois.fr

Creado en 1850 en el ala Francisco I, el museo se trasladó al ala Luis XII en 1869, tras las obras de restauración llevadas a cabo por Duban. Para distinguirse de su entorno cargado de historia, adopta ahora una museografía moderna. Las ocho salas, cada una centrada en un tema, presentan los fondos a través de diferentes épocas. Además de una importante colección de obras de artistas de Blois, el museo alberga varias obras maestras, con cuadros de Ingres y Rubens.

■ MUSEO DE HISTORIA NATURAL

Jacobins, 6
✆ 02 54 90 21 00
www.blois.fr

Ubicado en el antiguo convento de los Jacobinos, el Museo de Historia Natural exhibe ricas colecciones de animales, minerales, fósiles y herbarios que permiten comprender mejor la evolución de nuestro planeta. Sus exposiciones, tanto permanentes como temporales, suponen una forma divertida y completa de descubrir la naturaleza, la flora y la fauna. Una manera original de conocer la diversidad de Blois y su región. Quienes deseen profundizar en un tema específico, tienen a su disposición un espacio de documentación.

■ ROSALEDA DE LAS TERRAZAS DEL OBISPADO

Place Saint-Louis
✆ 02 54 44 50 50
www.blois.fr

Al pie de los jardines del antiguo palacio episcopal, de acceso continuo, se encuentran las terrazas y la magnífica rosaleda, que presenta una colección especialmente original de rosales arbustivos y trepadores mezclados con gramíneas.

Antes de marcharte, tómate tu tiempo para admirar las rosas antiguas reunidas alrededor del estanque. Con vistas al Loira, los jardines ofrecen una de las mejores panorámicas de la ciudad. ¡Un lugar perfecto para relajarse!

■ SALAS DE INTERPRETACIÓN Y SALAS DE ARQUITECTURA

Castillo de Blois
✆ 02 54 90 33 33
www.chateaudeblois.fr

DE CIUDAD EN CIUDAD

© SCHMIDT-Z – ISTOCKPHOTO.COM

Puente Jacques-Gabriel, construido en el siglo XVIII.

Comienza tu visita en estas salas para ver cómo ha evolucionado el castillo a lo largo de los años con las construcciones y destrucciones que han marcado su historia. Aquí podrás admirar el notable tamaño de las esculturas que han sido sustituidas durante las distintas campañas de restauración. Algunas, que habían desaparecido con el paso de los siglos, como las insignias reales destruidas durante la Revolución Francesa, han sido incluso reconstruidas. Estos espacios han sido adaptados para acoger a personas con movilidad reducida o deficiencias visuales.

■ TORRE BEAUVOIR
Cordeliers
℡ 02 54 71 82 77
http://tourbeauvoir.e-monsite.com
¿Buscas una experiencia fuera de lo común? ¿Te gustaría dormir en una mazmorra medieval? Entonces, pasa una noche o más en la torre Beauvoir, pero no en los apartamentos del señor situados en la planta superior. ¡Alójate en sus mazmorras! Por supuesto, el confort ha evolucionado claramente y tu estancia no se parecerá en nada a la que vivieron los prisioneros de los condes de Blois, quienes transformaron la torre en prisión en el siglo XIV. Podrás organizar una recepción o recibir a tus amigos en la sala del señor y cambiar así de punto de vista.

■ CASCO ANTIGUO
Para Victor Hugo, Blois es «una antigua ciudad anfiteatro caprichosamente extendida sobre los salientes de un plano inclinado». Tras deambular por los pasillos del castillo, desde un lado de la oficina de turismo puedes bajar hasta el agradable y muy visitado jardín Víctor

Hugo. No es muy grande, pero está bien distribuido y es relajante; aquí pasearás bajo la benévola mirada de Auguste Thierry, a quien la ciudad de Blois ha rendido homenaje con un busto. Continúa por la calle peatonal Porte Chartraine, que se une a la calle Gallois. Esta toma su nombre del hecho de que daba a la puerta de la ciudad por la que se entraba viniendo desde Chartres. Puedes pasear por algunas de las calles antiguas, pero tendrás que tomar la calle Beauvoir, con sus casas con entramados de madera, o subir a hasta el Grand Remenier para obtener unas vistas diferentes del Loira. De abril a septiembre, la oficina de turismo ofrece todas las tardes paseos guiados en carruaje, con salida desde la plaza del Castillo.

Chambord

Chambord es un pequeño pueblo de un centenar de habitantes situado en el departamento de Loir y Cher. Aunque se encuentra en un entorno excepcional (un bosque clasificado como patrimonio nacional rodea el pueblo), es conocido y renombrado por su magnífico y gigantesco castillo, nacido de los excesos exaltados de Francisco I e inspirado por Leonardo da Vinci. Fue el escenario de las expediciones de caza del rey y el símbolo del periodo renacentista en Francia. Como te dirá un guía turístico de Chambord, toda la vida del pueblo gira en torno al castillo y a sus numerosos monumentos, como la iglesia de San Luis, el puente de los Italianos y los jardines de Chambord, otra maravilla que hay que visitar.

Pero Chambord no puede disociarse de su entorno natural, el bosque. Con sus 5440 hectáreas y 32 kilómetros de mura-

© SAK03P – SHUTTERSTOCK.COM

Castillo de Chambord.

DE CIUDAD EN CIUDAD

llas que lo rodean, la finca nacional de Chambord es el mayor parque cerrado de Europa. No te pierdas la oportunidad de observar la berrea de los ciervos, una experiencia realmente inolvidable. Mucho más que un castillo, Chambord es una joya de la arquitectura y la naturaleza, donde los visitantes se sumergen en un ambiente único y encantador, en perfecta sintonía con la era digital.

■ OFICINA DE INFORMACIÓN TURÍSTICA DE CHAMBORD
Oficina de información
Castillo de Chambord
✆ 02 54 33 39 16
www.bloischambord.com
Antes de disponerte a conocer el más espectacular de los castillos del Loira y su parque cerrado repleto de animales, dirígete a la oficina de información turística. Está situada en el vestíbulo principal del castillo, donde también se pueden comprar las entradas. Aquí encontrarás mapas que te ayudarán a explorar las distintas partes del parque abiertas al público, incluidas algunas zonas poco conocidas, como el misterioso gran foso, cuya función aún se desconoce.

■ CAPILLA DE SAN MARCOS DE MAUREPAS
Carretera de L'Oubli, 8
En pleno corazón de la finca nacional de Chambord, la capilla de Saint-Marc de Maurepas descansa discretamente en medio de un magnífico bosque. Construida en el siglo XVI, se cree que esta pequeña capilla con bóvedas de piedra y estructura de madera en el tejado se utilizaba como granero. Hoy en día se integra en un espacio inscrito en la Red Natura 2000 y muestra a los paseantes un precioso vestigio del patrimonio del Loira.

Excursión en bicicleta para visitar el castillo de Chambord.

■ LA DAME DU LAC – ESTANQUE DES BONSHOMMES

Dos tesoros aguardan a los curiosos en el corazón de la finca del castillo de Chambord. En primer lugar, el estanque des Bonshommes, del que se dice que fue propiedad de los austeros monjes de la orden del Grandmont, dedicados al retiro y la oración en el siglo XII. Y en segundo lugar, este apacible lugar está dominado por la escultura *La dama del lago*, un búho monumental de cinco metros de altura creado por el artista contemporáneo Lionel Sabatté. Símbolo de sabiduría y fuerza, transforma el estanque en un observatorio de la naturaleza, donde arte, historia y belleza salvaje se dan cita en un marco encantador.

■ CASTILLO DE CHAMBORD

Castillo de Chambord
℡ 02 54 50 40 00
Véase página 12.

■ LA ESCUCHA DE LA BERREA

Castillo de Chambord
Place Saint-Louis
℡ 02 54 50 50 40
www.chambord.org
Disfruta de una experiencia única en la parte de la finca nacional de Chambord que está cerrada al público, con un guía que te acercará a los animales al anochecer o al amanecer para escuchar la ronca llamada de los ciervos, el choque de sus astas mientras defienden su territorio y las escenas de apareamiento. La observación finaliza con un aperitivo. Es imprescindible reservar, ya que los grupos están limitados a dieciséis personas. Para los más apasionados, existe la posibilidad de contratar el paquete «En el corazón de la berrea», en el que se pone a disposición una atalaya (para grupos de cuatro personas).

■ ESTANQUE DE LA FAISANDERIE

En la magnífica finca nacional de Chambord, el estanque de la Faisanderie

Castillo de Chambord.

es un lugar de calma y belleza. Flanqueado por una densa vegetación, este estanque es perfecto para los amantes de la naturaleza que buscan tranquilidad. Tanto si se trata de un paseo diurno como de una escapada romántica a la luz de la luna, las aguas tranquilas y el paisaje virgen crean una atmósfera mágica. Un lugar para recargar las pilas, ideal para evadirse y observar la fauna local en un entorno encantador. ¡Una visita obligada en Chambord!

■ ESTANQUE DE LA THIBAUDIÈRE

También en el corazón de la finca nacional de Chambord, el estanque de la Thibaudière alberga los vestigios de un pasado fascinante. Alrededor de sus aguas prosperaron casas de labranza, algunas de las cuales sobrevivieron hasta el siglo XIX. Hoy, sus ruinas, cubiertas de vegetación salvaje, suponen un viaje en el tiempo. Este apacible lugar, donde la naturaleza reclama poco a poco sus derechos, invita a la contemplación.

Frente al estanque se halla el pabellón Thibaudière, inspirado en las dachas rusas, un marco íntimo y secreto para eventos exclusivos.

■ ESTANQUE DE PÉRIOU

Situado en el corazón de la finca nacional de Chambord y cerca de la reserva natural de caza y de fauna salvaje, el estanque de Périou ofrece un marco encantador para los amantes de la naturaleza. Está rodeado de numerosos senderos señalizados y es ideal para recorrerlo a pie, a caballo o en bicicleta. Al borde de sus serenas aguas hay un magnífico claro, perfecto para un pícnic familiar. Este lugar tranquilo y revitalizador es el sitio perfecto para escapar del ajetreo y el bullicio mientras se saborea la belleza y la tranquilidad del entorno natural.

■ MUSEO DE LA CAZA Y LA NATURALEZA

Castillo de Chambord
✆ 02 54 50 50 40; www.chambord.org

Desde 2020, la finca de Chambord ofrece a los visitantes la posibilidad de descubrir su exposición permanente, un viaje cautivador a través de la historia de este real sitio. La exposición recorre la evolución de la finca, entre coto de caza real y espacio de naturaleza salvaje, desde la época de los reyes hasta la era republicana. Se presentan elementos como tapices del siglo XVII, un barco de caza y animales disecados. Divertidos e interactivos, estos espacios ofrecen una experiencia de inmersión para toda la familia, que además es gratuita con la entrada al castillo.

■ RUINAS DEL CASTILLO DE MONTFRAULT

Vestiges du Château de Montfrault, 79
A pocos kilómetros de Chambord, cerca del estanque de Montperché, se encuentran las discretas ruinas del castillo de Montfrault. Este antiguo baluarte de los condes de Blois ha desaparecido, dejando solo a la imaginación la posibilidad de redibujar sus torres y rememorar la vida feudal que lo animaba. Poco conocido, encarna el contraste entre un castillo olvidado y otro que se ha convertido en mítico… Una parada discreta pero misteriosa para los aficionados a la historia y los amantes de las leyendas.

Chaumont-sur-Loire ★ ★ ★

Chaumont-sur-Loire es una joya catalogada por la Unesco como Patrimonio de la Humanidad. ¿Sus encantos? El Loira que lo rodea por un lado, una ladera y, por supuesto, su suntuoso castillo feudal del siglo XV que domina la ciudad. Así pues, a Chaumont-sur-Loire se va para visitar su castillo renacentista, y también para el Festival Internacional de Jardines, en el que los paisajistas y jardineros más experimentados de todo el mundo confeccionan jardines de excepción sobre un tema impuesto.

© ALEXANDRE BLOND

Dominio de Chaumont-sur-Loire.

© ALEXANDRE BLOND

El río Loira en las inmediaciones de Chaumont-sur-Loire.

Chaumont-sur-Loire también ofrece la posibilidad de descubrir el Loira más salvaje en bicicleta, o de visitar la isla de la Folie (de la locura), un lugar donde se ha preservado la fauna y la flora aluviales. Una localidad que deja bonitos recuerdos al viajero de paso…

 DOMINIO DE CHAUMONT-SUR-LOIRE ★★★
Argillons
✆ 02 54 20 99 22
Véase página 15.

Cheverny ★★★

«¡Mil millones de rayos y centellas!», puedes exclamar cuando llegues a este pueblo. Pero, ¿por qué ibas a hacer eso? ¡Simplemente porque el castillo de

Cheverny fue inmortalizado por Hergé, quien se inspiró en la arquitectura simétrica de este edificio para el Moulinsart del capitán Haddock! También podrás encomiar el castillo de Troussay, famoso por ser uno de los más pequeños del valle del Loira y muy interesante por su parque inglés, en el que crecen desde hace siglos raras especies arbóreas. Se puede decir que el visitante tiene aquí muchas opciones.

En efecto, Cheverny es un municipio decididamente orientado al turismo y a la preservación del medio ambiente, donde se alternan, en total intimidad, un campo de golf internacional de 18 hoyos, senderos para caminatas y ciclismo, la Casa de los vinos con su galería donde talentosos artistas exhiben sus obras, o la iglesia del siglo XII con su silla *caquetoire*. También hay numerosos tipos de alojamientos de alta calidad, que te permitirán relajarte en un remanso natural de bosques, landas y viñedos; este es un rico terruño de viñedos cuya producción dispone de una DOC para tintos, blancos y rosados.

 OFICINA DE INFORMACIÓN TURÍSTICA
Chêne-des-Dames, 12
✆ 02 54 90 41 41
www.bloischambord.com
Situada en el recinto del castillo de Cheverny, esta pequeña y discreta oficina de turismo forma parte de la red de oficinas de Blois Chambord. Te ayudará a preparar tu visita al monumento vecino, así como a la región, con información sobre todos los lugares a visitar, propuestas de eventos, buenos consejos, alojamientos y, por supuesto, restaurantes.

DE CIUDAD EN CIUDAD

■ CASTILLO DE CHEVERNY ★★★★
Avenida del Castillo
℡ 02 54 79 96 29
Véase página 14.

■ CASTILLO Y PARQUE DE TROUSSAY – MUSEO DE SOLOGNE
℡ 02 54 44 29 07
www.chateaudetroussay.com
Entre Cheverny y Cormeray.
Situado a tan solo tres kilómetros de Cheverny —su gran vecino—, Troussay, el más pequeño de los castillos del Loira, es de estilo renacentista y está habitado por la misma familia desde 1900. Los visitantes pueden admirar aquí una serie de preciosos elementos antiguos, armoniosamente integrados tanto en el interior como en el exterior: tallas de piedra en las fachadas y chimeneas, puertas y ventanas de madera finamente tallada, techos pintados, vidrieras policromadas, cerraduras antiguas, baldosas de estilo Luis XII y una excelente colección de muebles de los siglos XVI, XVII y XVIII. Las pintorescas dependencias, con sus extraordinarias vigas originales en la cubierta, recuerdan también la pequeña propiedad familiar y rural de antaño, y se han convertido en un pequeño museo de Sologne con el tema de la «Closerie de Raboliot», un legendario cazador furtivo. Su parque de estilo inglés, con árboles centenarios y especies variadas, desprende serenidad. También merece la pena visitar la exposición de arte religioso de los siglos XIX y XX, con una interesante colección de 250 pilas de agua bendita, y un original gallinero con diversas y divertidas gallináceas. En la tienda venden una amplia gama de productos locales. Si deseas huir de las multitudes, ven a Troussay, que ofrece a la vez un remanso de gracia y paz y un original interés artístico, así como alojamiento con desayuno en el castillo o con cocina en las dependencias de este lugar excepcional.

Montoire-sur-le-Loir

Este es un pueblecito encantador con casas de piedra y entramados de madera, y que cuenta con un puente sobre el río Loir. Se extiende a los pies de los restos de un castillo medieval que una vez resistió el ataque de Ricardo Corazón de León, pero que fue tomado por las tropas de Enrique IV. Sin duda, Montoire-sur-le-Loir es adorable, con su lavadero con vistas al río perdiéndose en la distancia, su capilla románica del siglo XI que vio pasar a Pierre de Ronsard, nacido no muy lejos de aquí… No dudes en perderte por sus calles para admirar la pátina que el tiempo ha dejado en los tejados, la tortuosa vegetación que bordea el Loir… Un verdadero interludio que hace de Montoire uno de los pueblos más bellos de la región. Durante todo el año, la ciudad vive al ritmo de los acontecimientos culturales, con, en particular, su festival de folclore en agosto y su museo Musikenfête, dedicado a los instrumentos musicales. La localidad ha sido galardonada con la etiqueta Station Verte, ¡y también es ideal para la práctica del ciclismo y el piragüismo!

■ CAPILLA DE SAN GIL ★
℡ 02 54 85 28 95
Hay que visitar este lugar en Montoire por, entre otras cosas, su bucólico entorno. Esta armoniosa capilla de Saint-Gilles, del siglo XI, es famosa por sus frescos. Aunque ha perdido su nave, la riqueza de sus pinturas murales

Estación Histórica de Montoire – Museo del Encuentro.

DE CIUDAD EN CIUDAD

la convierte en una visita obligada para los amantes de las iglesias pintadas. Tres representaciones de Cristo cubren el ábside y los dos transeptos. Para preservar el culto, estos frescos del siglo XII permanecieron cubiertos de yeso durante varios años, antes de ser restaurados en el siglo XIX. Se inscriben en el rico conjunto de frescos románicos que pueden verse en diversos templos del valle del Loira. El poeta Pierre de Ronsard fue el prior de la capilla desde 1566 a 1585.

■ CLAUSTRO DE LOS AGUSTINOS
Place Clemenceau, 3
℡ 02 54 23 74 46
A partir de 1427, los monjes agustinos se instalaron en una zona que ya había sido urbanizada por Luis de Borbón, conde de Vendôme. Construyeron un claustro para organizar los distintos edificios en torno a la iglesia. En general, el recinto no está abierto a sus visitantes, salvo para exposiciones y conciertos. Sin embargo, durante el horario de apertura de la

Maison de l'Emploi (la oficina de empleo), situada en el claustro, es posible visitar la planta baja y el jardín, notable ejemplo de restauración arquitectónica, con su fachada de entramado de madera y su claustro cubierto.

■ ESTACIÓN HISTÓRICA DE MONTOIRE – MUSEO DEL ENCUENTRO
Avenue de la République
℡ 02 54 77 19 15
Con dignidad y valentía, la localidad de Montoire ha abierto este museo donde tuvo lugar el histórico encuentro entre el mariscal Pétain y Hitler el 24 de octubre de 1940. El apretón de manos entre ambos dirigentes selló la colaboración entre el régimen de Vichy y la Alemania nazi. Durante mucho tiempo, la ciudad de Montoire consideró este episodio como una soga alrededor de su cuello, pero hoy se enorgullece de haber abierto un museo que recuerda esta oscura página de la historia contemporánea de Francia.

■ **MUSIKENFÊTE – MUSEO DE LAS MÚSICAS TRADICIONALES**
Espace de l'Europe
℘ 02 54 85 28 95
www.musikenfete.fr
Para los amantes de la música, este museo reúne una colección de instrumentos llegados de los cuatro puntos cardinales. Procedentes de las orquestas que han participado en el prestigioso Festival de Montoire desde 1973 o de generosas donaciones, estos instrumentos son una invitación a viajar y a descubrir nuevas culturas. El museo exhibe piezas tan raras como un violín trompeta, una cítara de paja, una banda de acero hecha con bidones de aceite y los instrumentos gigantes de la nave musical.

Montrichard – Bourré

El nombre del pueblo de Bourré, perteneciente al municipio de Montrichard, se traduciría literalmente al español como «borracho», lo que es ante todo un motivo para sonreír y dejar volar la imaginación por caminos semánticos que invitan tanto al jolgorio bacanal como a las bromas picantes; sin embargo, en realidad, el origen de la palabra «Bourré» procede del nombre galo *burrus* («pelirrojo») con el sufijo *-acum* («dominio»). Situada a orillas del río Cher, entre Tours y Vierzon, Bourré exhibe con orgullo su historia y su patrimonio. Por aquí pasaron los templarios, y el Moulin Blanc de Bourré, que perteneció a la encomienda de Amboise, es un modesto recuerdo de ello, pues no es más que una pequeña casa construida hacia 1229. También hay criaderos de setas, una ciudad subterránea con 1500 metros cuadrados de bajorrelieves y un yacimiento troglodita donde hoy se crían gusanos de seda.

Montrichard.

Siguiendo la tradición vitivinícola del Loir y Cher, Bourré alberga numerosos viticultores a los que podrás comprar productos locales. ¡Una parada interesante!

■ **CUEVA CHAMPIÑONERA DES ROCHES**
Route des Roches, 40
Bourré
℘ 02 54 32 95 33
www.le-champignon.com
¡Una visita insólita e ineludible! Adéntrate en uno de los innumerables túneles que forman este auténtico laberinto subterráneo de más de 120 kilómetros. Estas galerías son los vestigios de las antiguas canteras de las que se extrajo durante siglos la piedra de Bourré, una toba de calidad excepcional que sirvió para construir los grandes castillos del Loira, como los de Chambord y Chenonceau,

confiriéndoles su característica blancura deslumbrante. Con una temperatura constante en su interior, estas galerías albergaron a poblaciones modestas o se transformaron en viviendas trogloditas. En otros lugares del valle, las bodegas se destinan principalmente a la producción de vino, pero en Bourré se utilizan desde hace más de un siglo para el cultivo de champiñones. Recorre las salas donde los champiñones, las gírgolas, las setas shiitake y las setas de pie azul crecen en condiciones ideales de humedad. Pero lo que hace verdaderamente únicas a estas bodegas es la extraordinaria ciudad subterránea excavada en la roca: las casas, tiendas y artesanos de un pueblo del siglo pasado emergen de las paredes, formando una obra de arte monumental y fascinante, donde es divertido avistar ardillas escondidas entre la vegetación de piedra. Una galería adyacente invita también a redescubrir oficios hoy desaparecidos. Las setas, en todas sus formas, pueden comprarse en la tienda o degustarse en el lugar.

■ LA TORRE DEL HOMENAJE Y SUS MUSEOS   ⭐

Nacional, 25
www.montrichardvaldecher.com
Dentro de los orgullosos y gruesos muros de esta torre del homenaje hay dos museos, uno de arqueología y otro de etnología. El primero reúne una colección de fósiles del cercano mar de Falun, así como restos de animales provenientes del Caribe que han evolucionado muy poco, como los nautilos. La evolución humana y la historia también están presentes, con testimonios que abarcan desde la prehistoria hasta la época merovingia, pasando por el periodo galo-romano.

En el segundo museo, distribuido en tres niveles, el visitante se adentra en la larga y turbulenta historia de la ciudad, que abarca casi veinte siglos y en la que aparecen personajes como Foulques Nerra, cuyo poder solo era comparable a su crueldad. La atención se centra en los personajes de época, muchos de ellos reales y que han recorrido las calles de esta localidad. Los oficios del siglo pasado, con los curtidores, canteros y, lo que es más sorprendente, los carroceros, nos permiten comprender mejor la ciudad.

■ LA MAGNANERIE

Chemin de la Croix-Bardin, 4. Bourré
℘ 06 66 16 57 17
www.magnanerie-troglo.fr
Hubo un tiempo en que la industria de la seda floreció en Turena. Excavada en la toba, la piedra que ha dado forma a las joyas arquitectónicas del valle del Loira, esta antigua granja troglodita de gusanos de seda, del siglo XVII, te sumergirá en los secretos de la cría de estos animales. La visita también permite descubrir la vida cotidiana actual en una auténtica vivienda troglodita aún ocupada por sus propietarios, así como una exposición de fósiles marinos procedentes de la caliza local.

Saint-Aignan

En Saint-Aignan, uno toma altura de inmediato; lo decimos por su ubicación, encaramada en una ladera, con su castillo y sus casas antiguas dominando el río Cher. Saint-Aignan es también un pivote geográfico desde el que se puede elegir ir hacia Berry, Turena u Orleans: un precioso tríptico de algunas de las zonas más bellas de Francia… Pero aún

DE CIUDAD EN CIUDAD

Castillo de Saint-Aignan.

querrás quedarte un poco más aquí para visitar el recinto de su castillo renacentista, su colegiata del siglo XI revestida de coloridos frescos y su misteriosa cripta, o también para dejarte sorprender por el parque zoológico de Beauval, clasificado entre los cinco mejores del mundo. Si concibes la vida como un río largo y tranquilo, puedes pasear por las calles adoquinadas de la ciudad para disfrutar de sus casas antiguas con sus entramados de madera, que encontrarás en cada esquina, y del sonido sordo del Cher a su paso por esta localidad. O tal vez te apetezca probar la deliciosa aventura de un paseo por el río en una barcaza.

■ CASTILLO DE SAINT AIGNAN
Route de Saint-Aignan, 18
En lucha con su impetuoso vecino Foulques Nerra, establecido al otro lado del Cher, en Montrichard, los condes de Blois hicieron construir aquí un primer castillo feudal, del que se conservan la torre del homenaje y algunos lienzos de la muralla. Sobre estas imponentes ruinas se levantó el elegante castillo que hoy podemos admirar. Aunque de propiedad privada, los exteriores y las terrazas están abiertos gratuitamente a los visitantes, lo que permite apreciar la riqueza arquitectónica de las fachadas. La panorámica, que abarca la ciudad de Saint-Aignan y todo el valle del Cher, es muy interesante.

■ COLEGIATA
Constant-Ragot, 60
☏ 02 54 75 22 85
www.tourisme-valdecher-staignan.com
Esta elegante colegiata es un bello ejemplo de arquitectura románica. Construida entre los siglos XI y XII, presenta una torre cuadrangular en el crucero y un campanario-pórtico que se abre a la nave superior. Fue utilizada como castillo fortificado en tiempos difíciles y como establo antes de ser devuelta al culto en 1800. Su cripta del siglo XI, vestigio de la iglesia primitiva de la ciudad, conserva magníficos frescos. Acoge conciertos de música clásica durante todo el año (información en la oficina de turismo).

LOIRET

LOIRET

Beaugency

Beaugency es una ciudad pequeña con un rico pasado. Se halla en la carretera del «valle de los reyes», que se extiende desde el puente-canal de Briare y continúa hasta más allá de Angers. Se accede por la RN-152, lo que permite a los viajeros de paso hacer una parada a orillas del Loira. Beaugency está clasificada como *Ville fleurie* (villa florida) y *Station verte de vacances* (destino verde). También forma parte de los *100 Plus Beaux Détours de France* (los cien destinos más bonitos de Francia). Además, sería una pena dejarla sin probar su especialidad gastronómica: los *chatons,* unos bombones de hojaldre pralinados recubiertos con una fina capa de caramelo, así como los *pavés balgentiens,* pequeños pasteles cuadrados de almendra y chocolate.

El nombre de Beaugency procede de un asentamiento galo-romano, Balbonacus (de ahí su gentilicio *balgentien*). El viejo puente extrae su particularidad del hecho de que en la Edad Media era el único, junto con el de Gien, que cruzaba el Loira. La historia de Beaugency también está vinculada a Juana de Arco: en efecto, esta ciudad fue la última plaza fuerte en el Loira que la joven de Orleans liberó de la ocupación inglesa, el 17 de junio de 1429. El centro de la ciudad conserva hoy un ambiente medieval bajo la sombra benevolente de su castillo.

© GÉRARD DUSSOUBS – FOTOLIA

Beaugency.

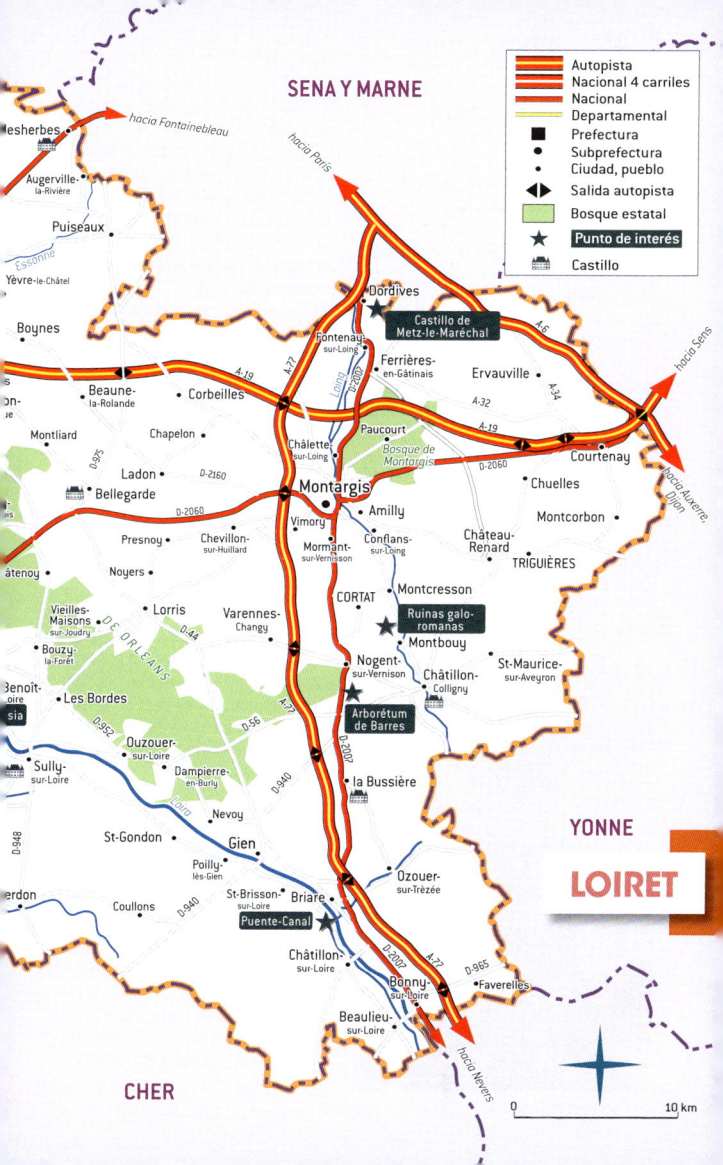

ABADÍA DE NOTRE-DAME ⭐
Rue de l'Abbaye
℡ 02 38 44 62 64

Fue en esta iglesia abacial donde el concilio de 1152 anuló el matrimonio del rey Luis VII de Francia con Leonor de Aquitania, que a su vez se casó con el futuro rey de Inglaterra, Enrique Plantagenet. A ello le siguió la *primera* guerra de los Cien Años. Hoy en día se celebran aquí conciertos durante todo el año, sobre todo porque la acústica es sublime y los melómanos se encuentran en el paraíso… Su fachada, discreta, esconde la rara belleza arquitectónica del interior, donde hay órganos, vidrieras modernas y una *Asunción* (1661) del pintor orleanés Michel Corneille.

CASTILLO DE BEAUGENCY – CENTRO DE ARTE DIGITAL
Place Dunois, 2
℡ 02 34 59 74 73
www.chateau-beaugency.com

Torre del Reloj de Beaugency.

El castillo de Beaugency vigila el río Loira desde hace diez siglos, y lo hace justo en el punto donde lo cruza su cercano puente, el más antiguo del río real. En pie desde la Edad Media, el castillo se ha convertido en un moderno centro de arte digital. Pero eso no impide descubrir su jardín medieval suspendido y su arquitectura en una exposición permanente de imágenes donde los sueños y la poesía se mezclan con las viejas piedras, fundiendo historia y modernidad.

TORRE CÉSAR
Place Dunois
℡ 02 38 44 50 01

Esta torre del homenaje de planta cuadrada es un ejemplo típico de lo que se hacía en el siglo XI. La torre se utilizaba como última línea de defensa en caso de ataque a la ciudad, y también como residencia de los sucesivos señores. Con la evolución de la arquitectura, las ventanas románicas fueron sustituidas por ajimeces y se añadieron chimeneas para completar el confort de la época. Con sus 36 metros de altura, esta torre del homenaje sigue abrigando muchos interrogantes.

LABERINTO VEGETAL DE BEAUGENCY
Quai Dunois
℡ 02 46 72 00 89
www.labyrinthe-beaugency.com

Desde hace veinte años, cada verano vuelve la leyenda medieval del laberinto de Beaugency. Se decía que cualquiera que quisiera llegar a la ciudad medieval cruzando el río Mauve y el río Loira se acababa perdiendo en un laberinto de flora y fauna, único en esta encantadora región. Cada año se propone un nuevo

© HASSAM BENSLIMAN – STOCK.ADOBE.COM

Remando por el Loira cerca de Beaugency.

tema en esta magnífica zona de juegos de seis hectáreas, así como la Grande Frayeur (noches de terror) los miércoles y sábados por la noche hasta tarde.

■ PUENTE DE BEAUGENCY

Este puente de 460 metros de longitud y veinticuatro arcos es la continuación de una primera construcción que data del siglo XI. En la Edad Media, el antiguo puente era el único, junto con el de Gien, que salvaba el Loira; en aquella época constaba de dos estructuras que partían de cada orilla y estaban unidas en el centro por un puente levadizo. Completamente reformado en el siglo XVI, aún hoy pueden verse partes del puente primitivo. La mayor parte de las obras se realizaron tras la inundación de 1608, que dañó gravemente el primer puente de piedra. Otros episodios sucesivos, hasta el final de la Segunda Guerra Mundial, fueron dando forma a un puente heterogéneo que hoy cuenta con arcos apuntados, semicirculares o en forma de cesta para que la marina del Loira, muy activa para el transporte hasta el siglo XIX, pudiera navegar sin obstáculos. Dicho esto, sus raíces medievales permanecen, hasta el punto de que una leyenda perdura desde su construcción: en una época en que los habitantes tenían que cruzar el río en barca, el mismísimo diablo se ofreció a construir un puente de piedra en una sola noche, a cambio de la primera alma que lo cruzara. Refinado y astuto, el primer magistrado de la ciudad hizo atravesar a un gato arrojándole un cubo de agua a la entrada del puente. El diablo, enfurecido, pateó uno de los arcos mientras llamaba a los habitantes «gatos de Beaugency», nombre que aún se utiliza hoy en día. James Joyce encontró encantadora esta leyenda y la relató en un libro infantil deliciosamente humorístico dedicado a su sobrino Stephen (*El gato y el diablo*), publicado en español por la editorial Losada.

Ciclistas junto al Loira en los inmediaciones de Beaugency.

■ RIBERA DE BEAUGENCY

✆ 02 38 77 02 72

Beaugency es una preciosa ciudad que se inscribe en un paisaje típico del valle del Loira, con un patrimonio arquitectónico histórico y una flora y fauna fabulosos. Frente a la ciudad, en la orilla izquierda del río, se extiende un espacio natural de cincuenta hectáreas que es dominio público fluvial y propiedad del estado. Los charranes anidan en los islotes, el castor se instaló en el bosque aluvial, mientras que los prados inundables alternan con el césped sobre la arena. Un tesoro de la naturaleza para explorar recorriendo un sendero de dos kilómetros con paneles explicativos, cuyo punto de partida se sitúa justo después del puente en dirección a Ferté-Saint-Cyr. Para facilitar la comprensión de este espacio protegido, es posible descargarse, en la oficina del Conservatorio d'Espaces Naturels, un precioso libreto de veinte páginas, que también está disponible gratuitamente en sus locales en Orleans, así como en el ayuntamiento y en la oficina de turismo de Beaugency.

■ SALA DE HONOR DEL AYUNTAMIENTO ⭐

Change, 20

✆ 02 38 44 54 42

La fachada renacentista del ayuntamiento de Beaugency, construido en 1526, esconde en la Sala de Honor del primer piso, completamente revestida de madera, ocho tapices bordados que datan de entre 1630 y 1640, originarios de la iglesia abacial de Notre-Dame. Fueron restaurados entre 2009 y 2015 con sumo cuidado para que los puntos de aguja no se desprendieran. La visita a estas grandes obras de un arte prácticamente desaparecido es imprescindible.

Briare ⭐

Briare es la meca del turismo fluvial. Entre 1605 y 1896 se construyeron aquí tres canales para contener las aguas del

Loira. La estructura más impresionante y famosa es el puente-canal, que ofrece el inusual espectáculo de ver barcazas que navegan en perpendicular al río, a unos diez metros sobre su curso.

Construido en el siglo XVII, el castillo, antes propiedad de los señores del canal, alberga ahora el ayuntamiento. A la entrada del pueblo hay otro castillo, el de Trousse-Barrière, convertido en un centro municipal de exposiciones. También se puede visitar el museo dedicado al esmalte en la fábrica fundada en el siglo XIX por Jean-Félix Bapterosse.

■ CASTILLO DE TROUSSE-BARRIÈRE

Avenue Yver Bapterosses, 2
℃ 02 38 31 27 39

Este castillo, asociado a la pujanza industria de Briare, es una visita obligada, sobre todo por su singular arquitectura de ladrillo y sillería. Fue construido entre 1895 y 1890 por Paul Yver, con sus hermosas vidrieras y su artesonado de estilo renacentista. El castillo es, junto con el esmalte de Briare y la loza de Gien, uno de los grandes atractivos de la región. Hoy sirve de residencia de artistas y centro municipal de exposiciones.

■ MUSEO DE LAS DOS MARINAS Y DEL PUENTE-CANAL

Boulevard Buyser, 58
℃ 02 38 31 28 27
www.musee-2-marines.com

El agua y Briare están tan indisolublemente ligados que en este insólito museo se ha reconstruido un muelle del Loira. La ciudad de los antiguos barqueros está representada en seis salas, y cuatro películas temáticas abordan la historia del lugar. Aquí nos sumergimos en el tiempo y reconocemos o descubrimos cascos de barcos, almadrabas, cuerdas y otros elementos de época… Todo lo que se debe saber sobre la fauna del Loira está en un impresionante muro de acuarios de diecisiete metros de largo. No te pierdas el puente-canal de piedra y acero, que data de 1896.

DE CIUDAD EN CIUDAD

© DANNYWILDE – STOCK.ADOBE.COM

Puente del canal de Briare.

■ PUENTE-CANAL DE BRIARE ⭐⭐

Pont Canal

El puente-canal de Briare, de 662 metros de longitud, es un puente sobre el río Loira por el que transcurre el canal navegable de Briare. Léonce-Abel Mazoyer (1848-1910) se esmeró especialmente en la arquitectura que lo rodea, similar al famoso puente Alexandre III de París, con sus columnas en cada extremo adornadas con esculturas de bronce en las que unos dragones parecen llevar las farolas levitando sobre las cabezas de obedientes cisnes. El puente se puede recorrer a pie, en bicicleta o en barco. Hasta 2003 era el puente-canal mecánico más largo del mundo.

La Ferté-Saint-Aubin ⭐⭐

Construido a ambos lados de la carretera Nacional 20, el municipio de La Ferté-Saint-Aubin ha conservado su encanto de pueblo. Fue una de las primeras plazas fuertes de Sologne, y la localidad creció considerablemente en el siglo XIX gracias a las industrias de la construcción: había varias fábricas de ladrillos, una fábrica mecánica de tejas, hornos de cal y serrerías. Además, en 1875 se instaló una fundición de hierro, bronce, acero y aluminio. A la entrada de la ciudad, cerca de las aguas del Cosson, el castillo de los siglos XVI y XVII (con sus variadas actividades) acoge a multitud de turistas.

■ RIBERA DEL COSSON

Frente al castillo, las orillas del río Cosson son ideales para pasear y realizar actividades diversas. Encantadores senderos permiten seguir el apacible curso de este río. Podrás observar a los pescadores, atentos al menor movimiento de sus cañas, o pensar en el río, que discurre desde el estanque de la Ramellière, donde nace, hasta el castillo de Chambord, donde alimenta el foso y el canal, finalizando su curso en Candé-sur-Beuvron, donde se funde con el río del mismo nombre. Los prados son perfectos para relajarse y para que jueguen los niños. Hay una piscina al aire libre para disfrute de todos cuando hace buen tiempo. A orillas del Cosson podrás soñar, jugar y relajarte...

■ CASTILLO DE LA FERTÉ ⭐⭐

Général Leclerc, 2-4

℡ 02 38 76 52 72

www.chateau-ferte.com

Emplazado en el corazón de Sologne, ¡este castillo es absolutamente sublime! La visita te llevará a través de quince salas amuebladas como si aún se viviera allí, congeladas en el tiempo. La familia Guyot hace todo lo posible por promocionar esta joya arquitectónica, que cuenta con cuarenta hectáreas de parque. Hay actividades para todos los gustos: una visita inmersiva, un recorrido de aventura, un día «grand siècle», un «asesinato en el castillo», una zona de juegos... Este abanico de posibilidades te promete una jornada extraordinaria en un marco histórico.

■ IGLESIAS DE SAN ALBINO Y SAN MIGUEL

Saint-Aubin: Général Leclerc, 253

Saint-Michel: Saint-Michel, 11

℡ 02 38 64 83 81

En La Ferté hay dos iglesias, algo poco común... Una, Saint-Aubin, con su torre románica de los siglos XI y XII, domina la ciudad y tiene tres resonantes campanas. ¡Fue declarada Monumento Histórico en 1943! Además, un dato insólito: en

© JACKY D - SHUTTERSTOCK.COM

Castillo de La Ferté-Saint-Aubin.

la iglesia hay un sarcófago. La otra, Saint-Michel, cerca del castillo, es más pequeña y conserva su coro original. En 2017 se instaló en ella una estatua de Nuestra Señora de Fátima procedente de Portugal, y se renovó el órgano polifónico. Los habitantes de Fert continúan siendo fieles a sus tradiciones.

■ NECRÓPOLIS NACIONAL DE LA FERTÉ SAINT-AUBIN
Carreteras N-20, D-18
La necrópolis nacional de La Ferté-Saint-Aubin fue creada en 1946 y rinde homenaje a 75 miembros de la Resistencia, entre ellos 23 maquis ejecutados por los nazis en el verano de 1944. Un monumento conmemora su valor y sacrificio. Los fusilamientos del 10 de junio de 1944 en la Ferme du By y del 26 de agosto de 1944 en el bosque de Chevaux fueron acontecimientos clave de la Resistencia en Sologne, cuando unos jóvenes de la Resistencia fueron capturados y fusilados por la Gestapo. Algunos están enterrados en la necrópolis nacional de La Ferté-Saint-Aubin.

■ CALLE SAINT-MICHEL
Situada a las puertas de la Sologne, la pequeña localidad de La Ferté Saint-Aubin está repleta de construcciones típicas de la arquitectura soloñesa. Se encuentran dispersas por toda la ciudad, pero especialmente por la calle Saint-Michel, donde se pueden admirar numerosas casas de entramado del siglo XVIII. La calle se halla cerca del castillo, en la rúa de salida hacia Orleans.

Gien

Gien es mundialmente conocida por su excelente y exclusiva loza. Desde hace más de doscientos años, la mayor fábrica de loza de Europa hace las delicias de los amantes de la buena mesa y abastece a numerosos establecimientos de lujo. Gien es el epítome del refinamiento francés, o eso dicen sus habitantes.

Aprovecha la ocasión para cruzar el Loira por el puente medieval, visitar la iglesia de Juana de Arco, de una modernidad pasmosa, y explorar las estancias del castillo de Anne de Beaujeu, hoy museo de caza, en lo alto de la ciudad. Gien es también una delicia para los amantes del aire libre y de la naturaleza.

■ CASTILLO-MUSEO DE GIEN – CAZA, HISTORIA Y NATURALEZA

Plaza del Castillo, 1
✆ 02 38 67 69 69
www.chateaumuseegien.fr
El castillo de Gien, que domina la ciudad, es un himno a la caza, ya sea al vuelo, al tiro o la montería. Estos tres estilos de depredación se presentan aquí ampliamente desde la década de 1950. Para los que no sepan nada de caza, es un punto de partida didáctico y sorprendente que, a lo largo del recorrido por las dieciséis salas, permite descubrir un aspecto de la historia del Loira, el vinculado a estas prácticas, desde el período de la realeza hasta después de la Revolución. Pinturas, esculturas, accesorios, armas... hay de todo.

■ IGLESIA DE SANTA JUANA DE ARCO ⭐

Plaza del Castillo, 5
Aparte del campanario, que sobrevivió, esta iglesia fue destruida en junio de 1940 y reconstruida en la década de 1950 bajo la dirección del arquitecto Paul Gelis. Para renovar el edificio se utilizaron ladrillos, sillares y pizarra. Las obras de restauración dieron lugar a la creación de un Vía Crucis de loza de Gien. Las vidrieras dedicadas a Juana de Francia iluminan la majestuosidad del órgano construido por Roethinger. Ernest-Sylvain Bollée refundió las cinco campanas, que siguen en el mismo lugar desde finales de la Edad Media.

■ PUENTE VIEJO O PUENTE DE ANNE DE BEAUJEU

Con 282,16 metros de largo, el Vieux Pont data de 1246, aunque fue arrasado por las aguas embravecidas del Loira

© PHILIPPE DEVANNE – STOCK.ADOBE.COM

Ribera del Loira en las cercanías de Gien.

DE CIUDAD EN CIUDAD

en 1456. Fue reconstruido por Anne de Beaujeu en 1484, de ahí su doble nombre. Se redujo de trece arcos de medio punto a doce. Algo maltrecho durante la Segunda Guerra Mundial, este suntuoso puente de espalda de asno, con su cruz dedicada a san Nicolás, patrón de los barqueros, disfruta ahora de mejores días.

Orleans ⭐⭐

Orleans debe su condición de capitalidad de la región Centro tanto a su céntrica situación como a su prestigio histórico. Al liberar la ciudad de la ocupación inglesa en 1429, Juana de Arco la convirtió en el centro de Francia; este acontecimiento supuso un giro decisivo en la guerra de los Cien Años y fue el preludio de la reconquista francesa que finalizó un cuarto de siglo después. A su llegada en abril de 1429, Juana de Arco se alojó en la casa de Jacques Boucher, tesorero del duque de Orleans (actual Casa de Juana de Arco). Han pasado casi seis siglos y el nombre de Juana sigue ligado a la ciudad que le rinde homenaje cada año con las fiestas joánicas. Su estatua ecuestre se alza en la plaza central.

Orleans ha vivido otros periodos de agitación, sobre todo durante las guerras de religión (siglo XVI). Un siglo más tarde, Condé la convirtió en uno de los bastiones de La Fronde. Aunque gravemente afectada por la Segunda Guerra Mundial, no ha perdido su encanto de ciudad a orillas del Loira, y celebra el río cada año impar en septiembre durante el Festival del Loira. El corazón de la ciudad es especialmente agradable, organizado simbólicamente en torno a la estatua ecuestre de Juana de Arco. La plaza del Martroi, amplia y espaciosa, está atravesada por una línea de tranvía

© ALEXANDRE BLOND

Calle de Juana de Arco.

que desciende por la calle Royale hasta el Loira y sus muelles. Todo el casco antiguo está reservado a los peatones, y presenta fachadas muy bellas de la Edad Media y del Renacimiento. El mejor edificio de la ciudad es sin duda la Casa Groslot, en la plaza de L'Etape.

Charles Péguy es uno de los personajes más célebres de la ciudad. Nacido en Orleans, se inspiró profundamente en la búsqueda joánica, y después en Dios y la patria, por la que murió en 1914. Cuando vengas a Orleans, no olvides visitar el Parque Floral de La Source, situado a unos diez kilómetros del centro. Se dice que Voltaire imaginó *Cándido* en esta finca dotada de jardines a la francesa en el siglo XVIII. Dos siglos más tarde, las 35 hectáreas del castillo de La Source invitan a un paseo ineludible.

■ **COMITÉ REGIONAL DE TURISMO DEL CENTRO-VALLE DEL LOIRA**
Boulevard de Verdun, 3-5
☏ 02 38 79 95 00
www.tourisme-pro-centre-valdeloire.fr

El CRTCVL te propone descubrir la región con visitas temáticas, itinerarios originales por los 22 castillos, visitas a las ciudades y las playas de Turena, un baño en el Loiret, visita a los viñedos cuyos vinos enriquecen el terruño, y numerosos paseos.

■ ORLÉANS VAL DE LOIRE TOURISME

Place du Martroi, 23
☎ 02 38 24 05 05
www.tourisme-orleansmetropole.com
Orléans Val de Loire Tourisme puede ayudarte a conocer la ciudad de Juana de Arco y sus alrededores. Con el *CityPass*, una visita guiada o una audioguía, Orléans Val de Loire Tourisme te señalará los itinerarios y alojamientos que mejor se adaptan a tus necesidades.

■ CANAL DE ORLEANS

☎ 02 38 46 82 90
www.canal-orleans.fr
Construido a finales del siglo XVII a petición del duque de Orleans, que fue su primer propietario, fue terminado e inaugurado el 5 de marzo de 1692, tras dieciséis años de obras. Recorre algo más de 78 kilómetros, uniendo el Loira con el Sena a través del canal de Briare y del canal del Loing, dos canales que se unen en Chalette, cerca de Montargis, en un lugar llamado Buges, esclusa y punto de unión de los tres canales, un lugar único en su género. A lo largo de su recorrido se nutre de trece estanques que cubren una superficie total de 276 hectáreas, lo que lo convierte en un auténtico paraíso para los pescadores. Es posible navegarlo entre Fay-aux-Loges y Combleux, que distan una docena de kilómetros.

■ CATEDRAL DE LA SANTA CRUZ ★★

Plaza de la Santa Cruz
☎ 02 38 24 05 05
Véase página 17.

■ CERCIL – MUSEO MEMORIAL DE LOS NIÑOS DE VEL D'HIV ★★

Bourdon-Blanc, 45; ☎ 02 38 42 03 91
www.musee-memorial-cercil.fr

DE CIUDAD EN CIUDAD

© PASCAL LEDARD – FOTOLIA

Puente de Jorge V y catedral de la Santa Cruz de Orleans.

Situado en el corazón de Orleans, el CERCIL es un museo dedicado a la historia de los campos de internamiento situados en la región de Loiret y gestionados por Francia entre 1941 y 1945: Pithiviers y Beaune-la-Rolande para hombres, mujeres y niños judíos, y Jargeau para los calificados de «nómadas». A partir de los archivos depositados por las familias de los internados y deportados, la exposición arroja luz sobre la organización y sobre el papel de estos campos en la política francesa de colaboración y genocidio en Europa. Con un espíritu de reflexión y transmisión de la memoria histórica, el museo ofrece también exposiciones temporales, visitas guiadas para todos los públicos y un rico programa cultural.

■ COLEGIATA DE SAN PEDRO LE PUELLIER

Cloître-Saint-Pierre-le-Puellier, 13
✆ 02 38 79 24 85
www.orleans-metropole.fr
La colegiata de Saint-Pierre-Le Puillier forma parte de la iglesia más antigua de Orleans, que data del siglo XII. Tras los bombardeos de 1940-1945, fue desacralizada y convertida en un espacio de exposición dedicado al arte contemporáneo. Sin embargo, el hecho es que «las piedras hablan», y no se puede permanecer indiferente ante su arquitectura y su historia.

■ IGLESIA DE NOTRE-DAME DE LA RECOUVRANCE

Notre-Dame-de-Recouvrance
Construida entre 1513 y 1519 en el emplazamiento de una capilla anterior del siglo XIII, esta iglesia fue dedicada a la memoria de la liberación de Orleans en 1429 y restaurada en 1862. Admira su elegante campanario lateral. La vidriera de la cabecera, que representa la infancia de Cristo, data de finales del siglo. Sus bóvedas fueron restauradas en el siglo XVII, mientras que el portal de la nave central, reconstruido bajo Luis XIII, fue restaurado en el siglo XIX en estilo gótico trovadoresco.

■ BOSQUE DE ORLEANS

Con 34 500 hectáreas de superficie, este es el mayor bosque público de Francia. Si a esto se añaden las diez mil hectáreas de bosques privados del entorno, se obtiene la extensión total de la masa forestal: unas 45 000 hectáreas. Históricamente, primero se llamó *Leodica Sylva* (antes del año 1000), luego bosque *Legium* en la Edad Media, antes de tomar el nombre de *bosque des Loges,* término que a veces aún se oye hoy en día. Comprende tres zonas: Orléans, Ingrannes y Lorris (la mayor). Hoy existen en su interior doscientos kilómetros de caminos forestales, además de mil kilómetros de senderos para caminantes, jinetes y ciclistas, con numerosas rutas señalizadas.

■ AYUNTAMIENTO DES CRÉNEAUX

Sainte-Catherine, 32
✆ 02 38 79 24 71
www.orleans-metropole.fr
Este insólito edificio situado en pleno centro de la ciudad, el Hôtel des Créneaux, fue el primer ayuntamiento de Orleans. Reconstruido a principios del siglo XVI en un estilo que mezcla sutilmente gótico y renacimiento, recuerda al ayuntamiento de Beaugency, cuya orgullosa fachada presenta un sorprendente parecido arquitectónico. Fue palacio de Justicia durante la Revolución y museo

© COLORMAKER - SHUTTERSTOCK.COM

Casa de Juana de Arco.

de Bellas Artes entre 1825 y 1981, y es monumento protegido desde 1840. Un pasaje llamado «du Saloir» da acceso al patio y al campanario de este magnífico ayuntamiento que tanto fascina a los paseantes.

■ PALACETE GROSLOT

Place de l'Etape, 2
☎ 02 38 24 05 05
www.tourisme-orleansmetropole.com
Este palacete particular de estilo renacentista fue construido entre 1530 y 1550 por Jacques I Androuet du Cerceau para el consejero del rey, Jacques Groslot, que también fue alguacil de Orleans entre 1521 y 1545. El edificio fue comprado por la ciudad en 1738 y modificado en 1792 para albergar el ayuntamiento. Posteriormente, se amplió en el siglo XIX. El interior fue restaurado en 1850 por el arquitecto Delton. En la actualidad, el Hôtel Groslot se utiliza para ceremonias oficiales y bodas. También está abierto al público.

■ JARDÍN BOTÁNICO – JEAN-PAUL IMBAULT

Avenue de Saint-Mesmin y Place du Jardin des Plantes
☎ 02 38 66 47 76
www.orleans-metropole.fr
Magníficamente conservado desde 1834, el Jardin des Plantes se ha convertido en el centro de experimentación vegetal de la ciudad de Orleans. Aquí podrás pasear entre árboles notables, algunos con más de 150 años de antigüedad —tulípero, secuoya, plátano—, dos invernaderos de cristal de la época, jardines climáticos, una rosaleda y un palmeral. De mayo a julio se celebra aquí el Critérium de la Rose. Un tiovivo y un parque infantil también forman parte de este recinto de tres hectáreas y media que permite un cambio de aires total.

■ CASA DE JUANA DE ARCO

Place Général-de-Gaulle, 3
☎ 02 38 68 32 63
www.jeannedarc.com.fr

Renovada con motivo del sexto centenario del nacimiento de Juana de Arco, en 2012, esta admirable residencia de ladrillo y entramados de madera es una reconstrucción de la casa en la que se alojó Juana de Arco en 1429, durante el asedio de Orleans. En la planta baja, la sala multimedia cuenta con terminales interactivos, una cartografía de la epopeya de Juana de Arco y una cronología ilustrada de la heroína a través de los siglos. Una película de animación en inglés y francés explica la vida de la joven. La casa también alberga el Centro Juana de Arco, un centro de investigación y documentación que contiene miles de documentos, entre ellos la mayoría de las obras escritas sobre Juana de Arco.

■ CASA JEAN D'ALIBERT
Place du Châtelet, 6
Algunas casas dan una idea bastante precisa de la rica fisonomía de Orleans durante el Renacimiento. Uno de los testimonios más interesantes de este período es sin duda la casa de Jean d'Alibert, un comerciante local. Construida en la década de 1560 sobre el emplazamiento de una casa medieval anterior, presenta la misma distribución y proporciones. El cuerpo del edificio que da a la calle presenta una fachada principal alta y estrecha. La riqueza de su decoración atestigua la de sus habitantes: arcos de medio punto, vanos geminados, pilastras y cartelas.

■ MOBE – MUSEO DE LA BIODIVERSIDAD Y EL MEDIO AMBIENTE DE ORLEANS
Marcel-Proust, 6
℡ 02 38 54 61 05
El MOBE (Musée d'Orléans de la Biodiversité et de l'Environnement) es una inmersión educativa en el mundo de la ciencia. Repartido en cinco plantas y con 1200 especímenes, explora la biodiversidad desde la evolución de los organismos hasta la génesis de los ecosistemas. La primera planta está dedicada a exposiciones temporales y a la historia del museo. En la segunda se cuentan los secretos del funcionamiento de la biodiversidad. La tercera está reservada a una exposición inmersiva sobre la formación de los entornos. Los «4 Tiers», en la última planta, fomentan el debate crítico. La visita termina con un experimento *inmersivo* en el invernadero vertical.

■ MUSEO DE BELLAS ARTES DE ORLEANS
Place Sainte-Croix
℡ 02 38 79 21 83
https://museesorleans.fr
El Museo de Bellas Artes, creado en 1823, está situado, desde el año 1984, a la izquierda de la catedral. Alberga unas dos mil pinturas (francesas, flamencas, holandesas e italianas), setecientas esculturas, diez mil dibujos y cincuenta mil grabados, pasteles y objetos de arte. Los pastelistas del siglo XVIII ocupan un lugar de honor en un gabinete de dibujos que tiene fama de ser el más rico de Francia tras el del Louvre. Aquí podrás contemplar obras de pintores como Velázquez, Delacroix, Courbet y Gauguin, y de escultores como H. de Triqueti y J. Pradier.

■ MUSEO HISTÓRICO Y ARQUEOLÓGICO DE ORLEANS
Hôtel Cabu
Place Abbé-Desnoyers, 1
℡ 02 38 79 25 60
www.orleans.fr

© EBASOL - SHUTTERSTOCK.COM

Museo de Bellas Artes.

Este sorprendente edificio renacentista se atribuye al arquitecto Jacques Androuet du Cerceau. Fue construido en 1548 para Philippe Cabu, abogado del Châtelet. Discreto y poco conocido por los orleaneses, alberga el tesoro de bronce galo-romano hallado en el lecho del Loira, en Neuvy-en-Sullias. Se trata de una colección de esculturas galas y galo-romanas, bien conocidas por los especialistas, cuyo estilo parece muy moderno; el arte galo esconde su refinamiento.

■ **PARQUE BERTHE-MORISOT**
Barrio Madeleine
Faubourg Madeleine. Línea O.
El parque Berthe-Morisot acaba de ser diseñado por el Consejo Metropolitano de Orleans, que ha dejado mucho espacio para la vegetación: árboles centenarios, plantación de vides y árboles frutales. Los visitantes pueden disfrutar de tres ambientes diferentes, todos a la sombra de los árboles: el ambiente familiar del parque Peteau, el tranquilo entorno natural del parque Anjorrant, y el entretenimiento y la cultura del parque Sanitas. Pasarelas, equipamientos, una caja de libros, juegos infantiles y un sendero gigante de cerámica completan este espacio verde de dos hectáreas y media, accesible desde el Faubourg Madeleine (cerca de la parada de tranvía Beaumonts). ¡Un remanso de paz en el corazón de la ciudad!

■ **PARQUE FLORAL DE LA SOURCE** ★★
Avenue du Parc Floral
☎ 02 38 49 30 00
www.parcfloraldelasource.com
«Orleans, el mayor ramo del mundo», titulaba la revista *Paris-Match* durante las Floralies (la gran exposición floral) de 1967. Hoy en día, el Parque floral de La Source sigue siendo un momento suspendido en el tiempo, con sus magníficos jardines repartidos en 35 hectáreas para recorrer con toda la familia. Las

actividades son numerosas: alquiler de vehículos jardinera, minigolf, trenecito, mariposario, zona tropical y minigranja. Para completar la oferta de servicios, dispone de tienda, salón de té, bar y *food trucks*.

■ PLAZA DEL CHÂTELET

A pie, en una terraza o en bicicleta, la plaza del Châtelet es un lugar muy frecuentado. Su nuevo aspecto hace de ella un lugar más alegre y agradable. Y, ciertamente, las terrazas que flanquean la plaza son lugares estupendos para detenerse. Con sus adoquines blancos, sus escaloncitos y sus tachuelas con la efigie de Orleans, la plaza es magnífica. Se puede contemplar el encantador portal de la iglesia de Saint-Donatien, (san Donaciano) pieza notable del patrimonio local. Con la plaza del Loira, donde se codean los multicines, el jardín de la Charpenterie y el gran mercado, la zona se ha convertido en un auténtico hervidero de actividad, sobre todo desde que se acondicionó y renovó el barrio. Esta zona, muy frecuentada por los paseantes, está cada vez más animada.

■ PLAZA DU MARTROI ★

Plaza du Martroi

Esta plaza no se puede evitar. El nombre «Martroi» procede de la palabra «mártir», y era aquí donde antaño se exorcizaba… Hoy en día, la gente pasea, va en bicicleta, camina… y los niños disfrutan del imponente carrusel Palacio Julio Verne, que hace girar las cabezas igual que hacíamos girar las páginas de los libros de este escritor aventurero… En invierno, la noria abre una panorámica de la ciudad, ofreciendo una visión diferente de ella. En verano, los juegos de agua están hábilmente orquestados bajo la protección de una Juana de Arco a caballo.

■ CALLE DE BOURGOGNE ★

Históricamente, la calle de Bourgogne ha sido la principal vía este-oeste de

© LEONID ANDRONOV - FOTOLIA

Plaza du Martroi.

Orleans. Desde 2006, todo el barrio de Bourgogne, una zona delimitada por la calle Juana de Arco al norte y la avenida du Châtelet al sur, es peatonal. Esto hace que pasear por la calle sea aún más agradable. Deja el coche fuera. A cambio, descubrirás el placer de pisar los adoquines del casco antiguo y del centro histórico, y de tomar un café en una terraza sin el ruido de motores y tubos de escape.

■ LA TABLE DU BANQUET

Parc Louis Pasteur
Honrar el nombre de Jean Zay (1904-1944) sigue siendo un deber, al menos en Orleans. Diputado y consejero general del departamento de Loiret, luego Ministro de Educación Nacional y Bellas Artes con el presidente Léon Blum, tomó medidas audaces para ayudar a los jóvenes a difundir la cultura y el conocimiento. *La Table du Banquet,* una escultura de 25 metros de Anne y Patrick Poirier, es una prueba de ello.

■ CASCO ANTIGUO

Debido en gran parte a los bombardeos, la ciudad ha conservado muy pocas casas antiguas: estas se encuentran dispersas por varias calles de Orleans, sobre todo en torno a la calle de Bourgogne, que en su día fue la vía principal. La calle de Tabour también resultó dañada por las bombas de 1940, pero conserva la fachada de la casa Porte Renard (1540). En el número 35 se encuentra la famosa casa de Juana de Arco, donde se alojó del 29 de abril al 9 de mayo de 1429. Fue el hogar de Jacques Boucher, tesorero del duque de Orleans. Esta casa fue derribada por una orden municipal de alineación en 1908 y solo se conserva la fachada, ya que el dormitorio de Juana de Arco ya no existe. También en la calle de Tabour se halla la casa de Euverte Hatte, construida entre 1524 y 1528 por un burgués local. Esta casa, que perteneció al dibujante Desfriches en el siglo XVIII y posteriormente fue comprada por la ciudad en el siglo XIX, también ha sido víctima de una orden municipal de alineación que le ha restado parte del carácter a la fachada. No podemos dejar de recomendarte que continúes paseando por las vías del casco antiguo, donde descubrirás bonitas casas y plazas muy agradables.

Sully-sur-Loire

La ciudad está construida alrededor de la marina del Loira y de su castillo, que ha sido admirablemente restaurado en su totalidad. Ya en el siglo X, esta fortaleza protegía a la ciudad de los atacantes, vigilando el paso del río Loira. La ciudad fue fortificada a principios del siglo XIV con gruesas murallas que rodeaban los actuales bulevares. Se pueden ver algunos restos de estas murallas a lo largo del foso del castillo. Cuando la localidad pasó a manos de la familia de Béthune-Sully, el cargo de ilustre ministro de Enrique IV aseguró su prosperidad. En esa época, exactamente en 1716, Voltaire, que entonces tenía veintidós años, se alojó en el castillo de Sully, obligado a dejar París por una de sus impertinencias verbales hacia el Regente. Aunque el castillo resistió la última guerra, la ciudad en su conjunto sufrió mucho, y aún muestra las cicatrices.
La historia de Sully es también la de su puente, que ha sido destruido muchas veces y reconstruido otras tantas: inundaciones, guerras e incluso el frío, que

causó su increíble colapso el 16 de enero de 1985. La actual estructura de hormigón y acero se inauguró en septiembre de 1986, veinte meses después, pero sin sus hermosas columnas de piedra.

◾ CASTILLO DE SULLY-SUR-LOIRE ⭐⭐

Chemin de la Salle Verte
☏ 02 38 36 36 86
www.chateausully.fr

Sully vino aquí a pasar su jubilación tras el asesinato de Enrique IV y para escribir e imprimir sus *Mémoires*. Las colecciones (mobiliario, cuadros, grabados, artes decorativas) permiten descubrir la época del «buen rey Enrique», cuyo recuerdo permanece aquí. *La Tenture de Psyché* es un conjunto de seis tapices del siglo XVII que narran la historia de esta diosa cuya belleza superaba a la de Venus. La segunda planta te seducirá por su camino de ronda (el horizonte se extiende a unos diez kilómetros) y su imponente estructura con vigas de época. Iluminación nocturna.

◾ COLEGIATA DE SAN ITIER ⭐

Place Maurice de Sully, 5
☏ 02 38 36 25 51

Ampliada y embellecida en 1605 por el duque de Sully, la colegiata de Saint-Ythier (antiguo obispo de Nevers) conserva sus bellos órganos y su mobiliario del siglo XVIII. En la nave, un escudo de armas colocado sobre una sencilla lápida indica la bóveda de los señores de Sully. Dos vidrieras de finales del siglo XV contribuyen a la reputación de la iglesia. La primera muestra el *Árbol de Jesé*, una representación esquemática del presunto árbol genealógico de Jesús de Nazaret, empezando por Jesé, padre del rey David. El otro ilustra la *Leyenda de*

© GUITOU60 - STOCK.ADOBE.COM

Castillo de Sully-sur-Loire.

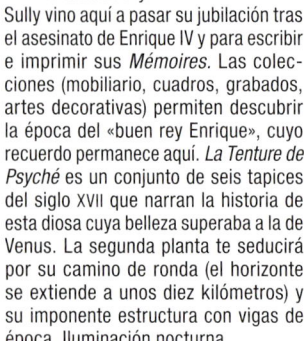

los peregrinos en su camino a Santiago de Compostela.

◾ IGLESIA DE SAN GERMÁN ⭐

La iglesia de Saint-Germain es un imponente edificio construido durante los siglos XV y XVII. Fue la iglesia parroquial de los barqueros hasta el siglo XVII. La impresionante aguja que sobresale del edificio, y que alcanza los 38 metros, es la más alta de Francia. La iglesia sufrió mucho con las contingencias de la Segunda Guerra Mundial, ya que todas las ciudades con un puente para cruzar el Loira fueron sistemáticamente atacadas. En desuso desde hacía mucho tiempo, la iglesia se ha beneficiado de un amplio trabajo de restauración y se ha convertido en un espacio fundamental de la vida cultural de Sully y sus alrededores.

MAINE Y LOIRA

Angers ⭐⭐⭐

Emplazada en el corazón del valle del Loira, Angers es un destino que te invita a disfrutar de su famoso estilo de vida apacible y de multitud de posibilidades, empezando por una visita a su emblemático castillo, una imponente fortaleza medieval con diecisiete torres defensivas desde la que podrás disfrutar de unas vistas de 360° sobre la ciudad. El castillo alberga el *Tapiz del Apocalipsis,* el mayor conjunto de tapices medievales del mundo. El casco antiguo destila su propio ambiente medieval, con calles adoquinadas, casas con entramados de madera, la catedral de Saint-Maurice y monumentos de estilo gótico angevino. Encontrarás, además, el hospital Saint-Jean, del siglo XI, y el Museo de Jean-Lurçat, quien creó *Le Chant du Monde,* un tapiz monumental en respuesta al *Tapiz del Apocalipsis.*

Si estás harto de piedras, puedes dirigirte a Terra Botanica, un parque de árboles exóticos traídos de todos los rincones del mundo por los exploradores de antaño; o acercarte al mariposario, descubrir las hortensias a orillas del agua navegando en gabarra o surcar los cielos en globo aerostático para disfrutar al máximo del paisaje.

Situada en el corazón de la tercera mayor región vitícola de Francia, Angers es también la ciudad de los vinos de Anjou y del valle del Loira. Visita la Maison des Vins para descubrir algunos de los 27 vinos con denominación de origen

© SOKARYS – FOTOLIA

Vistas a la ciudad de Angers.

(AOC) de Anjou Saumur. Pero es sin duda a orillas del Loira donde mejor apreciarás la dulzura angevina y el mágico encanto de Angers. Y por si te quedaban dudas, entenderás por qué los paisajes del Loira son Patrimonio Mundial de la Unesco.

■ DESTINATION ANGERS – OFICINA DE TURISMO
Place Kennedy, 7
℡ 02 41 23 50 00
www.angers-tourisme.com
Frente al castillo.
Destination Angers es la agencia de proyección turística de la ciudad que gestiona la oficina de turismo. Situada cerca del centro y de la estación de tren, te permitirá descubrir todo lo que la ciudad y sus alrededores pueden ofrecer a los visitantes. El personal está a tu disposición para informarte sobre los lugares de interés, aconsejarte sobre el alojamiento o sugerirte las actividades que no puedes perderte. La tienda de la oficina, por su parte, dispone de un centenar de artículos de artesanía, especialidades locales y guías turísticas.

■ ABADÍA DE RONCERAY
Place de la Laiterie
℡ 02 41 88 68 75
Fundada en el siglo X y reconstruida hasta el siglo XVI, esta iglesia abacial se encuentra en el corazón del barrio histórico de la Doutre y, ya solo por sus magníficas salas abovedadas, merece una visita. Es un marco ideal para las exposiciones de arte. El nombre popular de «Ronceray», utilizado por comodidad, procede de las zarzas que envolvían el pie de una estatua de la Virgen hallada en la cripta en 1527. Mientras que la iglesia abacial es utilizada por la ciudad para exposiciones, conciertos y festivales, los antiguos edificios siguen ocupados por congregaciones religiosas.

■ CATEDRAL DE SAN MAURICIO ⭐
Saint-Christophe, 4
℡ 02 41 87 58 45
Con sus 73 metros de altura y dominando un centenar de escalinatas que descienden hacia los ríos Maine y Doutre, esta catedral es un ejemplo perfecto del estilo gótico angevino. Su púlpito neogótico,

© CHAMPA - FOTOLIA

Detalle de la catedral de San Mauricio.

diseñado por un abad con talento, su imponente altar mayor con su baldaquino barroco y sus magníficos órganos sostenidos por atlantes gigantes forman un rico conjunto, fiel a la ostentación de la época. El portal policromado, pintado por todas partes, data del siglo XII. Tras varios años de restauración, los colores originales vuelven a resplandecer.

◼ COLEGIATA DE SAN MARTÍN
Saint-Martin, 23
✆ 02 41 81 16 00
www.collegiale-saint-martin.fr
Paradas de tranvía: Foch-Maison Bleue o Ralliement. Paradas de autobús: Sainte-Croix o Foch-Saint-Aubin. La colegiata de Saint-Martin es una de las iglesias góticas más antiguas de la ciudad y, sin duda, uno de los monumentos más bellos de la época carolingia en Francia. Cerrada al culto desde la Revolución Francesa, en la actualidad es un museo dedicado a su propia historia, y en ella se organizan numerosos actos a lo largo del año: exposiciones temporales, espectáculos musicales, de danza y de circo (Les Raisonnances Saint-Martin, cada primavera), y encuentros literarios (Les Entretiens littéraires de la Collégiale, durante dos fines de semana de febrero).

◼ CASTILLO DE ANGERS ★★★★
Paseo de Bout-du-Monde, 2
✆ 02 41 86 48 77
Véase página 17.

◼ IGLESIA DE SAN SERGIO ★
Emile-Hatais, 2
✆ 02 41 43 66 76
Fundada en el siglo VII por el rey Clodoveo II, la abadía de Saint-Serge pasó a manos de los reyes de

Fachadas de entramado en Angers.

© JACQUES PALUT – FOTOLIA

DE CIUDAD EN CIUDAD

Bretaña, quienes depositaron en ella las reliquias de san Brieuc, que aún hoy pueden contemplarse. Era muy frecuentada por los peregrinos, que veneraban también las reliquias de san Sergio y san Bach, pero lo que hace tan famosa a esta abadía es, sobre todo, su elegante y luminoso coro del siglo XIII. Magnífico ejemplo del apogeo del estilo gótico angevino, presenta finos nervios que caen sobre esbeltas columnas, así como pintorescas esculturas y bóvedas pintadas.

◼ ESTANQUE DE SAINT-NICOLAS – PARQUE DE LA GARENNE
✆ 02 41 22 53 00
Este parque de 112 hectáreas es un remanso de paz ideal para los amantes del *footing*, con sus cuatro, cinco u ocho kilómetros de senderos alrededor del estanque, pero también es un magnífico espacio de juegos y aprendizaje para los niños, con su estanque de barcas de juguete, sus carritos a pedales y sus

© EBASCOL - SHUTTERSTOCK.COM

Galería David D'Angers.

corrales de animales. Ven a descubrir este agradable parque dando un paseo, haciendo un pícnic, disfrutando del bar de refrescos cuando hace buen tiempo o, por qué no, dando vueltas en el tiovivo para grandes y pequeños.

■ GALERÍA DAVID D'ANGERS

Toussaint, 33 bis
☎ 02 41 05 38 90
musees.angers.fr/lieux
Un techo de cristal en lugar del tejado derruido de una antigua iglesia: una idea original para exponer las obras de un escultor local cuyas piezas más conocidas se encuentran lejos de su ciudad natal. Verás dibujos preparatorios, estatuas, bustos y medallones porque, como ya habrás adivinado, esta era la especialidad de David d'Angers. Sus esculturas, algunas de ellas monumentales, se encuentran en el frontón del Panteón y en el cementerio de Père-Lachaise, en París.

Sus moldes se exponen en la antigua iglesia abacial de Toussaint.

■ GALERÍA DEL APOCALIPSIS ★★★

Castillo de Angers
Promenade du Bout-du-Monde, 2
☎ 02 41 86 48 77
www.chateau-angers.fr
Inscrito en la lista del Patrimonio Mundial de la Unesco en 2023, el soberbio *Tapiz del Apocalipsis* solo puede ser visto por quienes hayan atravesado la fortaleza angevina. Con casi cuatro metros y medio de alto y cien metros de largo, de sus 140 metros originales, ¡es el mayor tapiz medieval que se conserva en el mundo! Diseñado por el artista Jean de Bruges y tejido por talleres que probablemente se encontraban en París, es un testimonio único de los procesos artísticos y del contexto social y político de Francia en plena guerra de los Cien Años.

El *Tapiz del Apocalipsis*, una gigantesca historieta en la que aparecen un centenar de personajes históricos y fantásticos, desde los caballeros ingleses hasta el malvado dragón del texto bíblico de san Juan, supone una verdadera inmersión en la Edad Media, tanto desde el punto de vista histórico como estético. Pero esta obra maestra, encargada por el duque Luis I de Anjou entre 1375 y 1380 para realzar su prestigio, estuvo a punto de desaparecer a mediados del siglo XVIII: depreciado, ¡el tapiz fue troceado para ser utilizado en tareas serviles! Redescubierto y restaurado entre mediados del siglo XIX y la década de 1990, desde 1954 se expone permanentemente en la penumbra de un edificio construido especialmente para él, dentro de las murallas del castillo. Desprende una atmósfera muy especial, a la vez mística y tradicional. Las visitas guiadas permiten comprender mejor esta majestuosa obra del patrimonio francés.

■ JARDÍN BIOLÓGICO DE LA CIUDAD DE ANGERS

Parque de ocio del lago de Maine
Avenue du lac de Maine, 49
℅ 02 41 05 33 60
www.angers.fr
El jardín biológico de Angers forma parte de la Maison de l'Environnement d'Angers (Casa del Medio Ambiente). Con una superficie de cuatro mil metros cuadrados, es un espacio de sensibilización y educación ecológica. El jardín ecológico alberga diversos espacios pedagógicos y temáticos. Está abierto por las tardes para que puedas hablar con los jardineros. Todos los meses, la Maison de l'Environnement ofrece actividades y talleres de «huerto ecológico» sobre diversos temas.

■ JARDÍN BOTÁNICO

Place Pierre Mendès France
℅ 02 41 22 53 00
www.angers.fr
Un magnífico espacio verde en pleno centro de Angers, que atrae a los paseantes tanto en invierno como en verano. En estas cuatro hectáreas de verdor es imposible no sentirse plenamente vivo y liberado. Remodelado a principios del siglo XX por el arquitecto paisajista Édouard André, el Jardin des Plantes es hoy un remanso de paz, con senderos bordeados de estatuas y árboles tan bellos como exóticos. Te encantarán los suntuosos parterres, las pajareras, las conejeras y los pequeños juegos de agua.

■ CASA DE ADAM ⭐

Place Sainte Croix, 1
www.maison-artisans.com
La Maison d'Adam, una casa con entramado de madera declarada Monumento Histórico, domina la plaza Sainte-Croix y sus acogedoras terrazas. Es una de

© TWISTED SHOTS - SHUTTERSTOCK.COM

Casa de Adam.

Museo de Bellas Artes.

las más antiguas del país y un bello recuerdo de una época pasada. Sus vigas esculpidas albergan una plétora de personajes más o menos modestos y de figuras legendarias, como dragones. Tras casi dos años de restauración, se le ha hecho un lavado de cara. El entramado de madera ha recuperado su color ocre del siglo XVIII, y la parte superior de la fachada se ha cubierto de pizarra para contribuir a su conservación.

■ **MUSEO DE BELLAS ARTES** ★★★

Musée, 14
☎ 02 41 05 38 72
musees.angers.fr/lieux
Ubicado en el elegante Logis Barrault, el Museo de Bellas Artes de Angers es una visita obligada para los amantes del arte. Sus colecciones, ricas y variadas, abarcan siglos: desde obras medievales hasta creaciones contemporáneas. El museo cuenta con dos secciones: una dedicada a la escultura y la pintura (sobre todo primitiva y clásica) y otra a la historia de Angers (objetos procedentes

de excavaciones arqueológicas). También incluye una sala de artes gráficas y un jardín que ha sustituido al huerto donde se inventó la famosa pera Doyenné du Comice.

■ **MUSEO DE INGENIERÍA**

Caserne Eblé. Eblé, 106
☎ 02 41 24 83 16
www.musee-du-genie-angers.fr
¡Un museo a la altura de su patrimonio! Instalado en el corazón de la École du Génie (la Escuela de Ingeniería), este museo recorre la historia de los ingenieros que hicieron de Angers una capital militar con su 6.º regimiento. La galería cronológica sumerge al visitante en dos milenios de innovación, desde los ingenieros galo-romanos hasta los actuales. Más adelante, un espacio temático revela las tres misiones de los ingenieros militares: combate, construcción y salvamento. Es una experiencia cautivadora, salpicada de piezas únicas, como un impresionante cuadro de cuando se cruzó el Rin en 1945.

■ **MUSEO DE JEAN-LURÇAT**

La Doutre. Boulevard Arago, 4

℡ 02 41 24 18 48

https://www.musees.angers.fr

Situado a pocos metros de la orilla del río Maine, este museo está compuesto por dos espacios muy distintos. Por un lado, el Hospital Saint-Jean alberga en su magnífica sala del siglo XII *Le Chant du monde,* obra maestra de Jean Lurçat. Estos diez paneles, de ochenta metros de longitud, están inspirados en el famoso *Tapiz del Apocalipsis* de Jean de Bruges. La parte conocida como el «antiguo orfanato» data del siglo XVII y alberga unas sesenta obras expuestas cronológicamente, mezclando creaciones que se exhiben temporalmente con los fondos propios del museo (Jean Lurçat, Josep Grau-Garriga y Thomas Gleb).

■ **MUSEO PINCÉ**

Lenepveu, 32 bis

℡ 02 41 05 38 00

www.musees.angers.fr

Situada en el corazón de la calle Lenepveu, esta espléndida casa particular del siglo XVI fue transformada en museo a finales del siglo XIX. La planta baja alberga exposiciones temáticas que se renuevan cada año y que ponen de relieve la diversidad de las colecciones de los museos de la ciudad. La primera planta acoge la exposición permanente, centrada en las antigüedades egipcias y grecorromanas, así como en piezas de las civilizaciones precolombina, china y japonesa. Por último, un espacio digital ofrece a los visitantes información sobre la historia del edificio.

■ **MUSEO DE CIENCIAS NATURALES**

Jules Guitton, 43; ℡ 02 41 05 48 50

www.angers.fr/museum

Ubicado en el antiguo palacete Demarie-Valentin, este museo tiene todo el encanto de los de antaño. Al final de una empinada escalera, grandes animales disecados reciben a los visitantes antes de dirigirse a las especies más pequeñas. Se exhibe también una gran colección de insectos y aves (el museo cuenta con todas las especies registradas en el departamento de Maine y Loira). Atraviesa un jardín colgante para llegar a la sala dedicada a la geología: ¡merece la pena!

■ **LE RU – REPAIRE URBAIN**

Boulevard Roi René, 35

℡ 02 41 05 59 65

Este centro cultural, situado en la planta baja del CIAP (Centro de Interpretación de la Arquitectura y el Patrimonio), ofrece un espacio de exposición para sus proyectos. Una maqueta gigante de la ciudad y una aplicación de vídeo permiten a los visitantes descubrir Angers. La primera planta alberga los archivos del patrimonio local, con más de un millón de libros, una sala de lectura abierta a todos y conferencias periódicas. Al lado se encuentra la Artothèque, donde se pueden admirar, e incluso alquilar, cerca de 1200 obras contemporáneas. La RU organiza regularmente exposiciones y actividades.

■ **TERRA BOTANICA**

Route d'Epinard

Autopista A-11, salida 16 (Avrillé-Angers Nord)

℡ 02 41 25 00 00

www.terrabotanica.fr

El mayor parque temático de Europa dedicado a las plantas, donde se exponen cientos de miles de plantas de todo el mundo a la vista de los visitantes.

© KIPGODI – SHUTTERSTOCK.COM

Terra Botanica.

¿La filosofía de este reino verde? Divertirse aprendiendo. Entre las atracciones imprescindibles del parque se encuentran el viaje en cáscara de nuez, el invernadero de mariposas y el paseo en globo *Terra desde el cielo...* El parque también propone un *jardín inteligente,* donde los visitantes pueden aprender a cultivar de forma responsable, así como jornadas temáticas relacionadas con las estaciones, el Festival de Otoño y la Primavera Terra.

Baugé-en-Anjou

Baugé-en-Anjou nació de la fusión de quince municipios en torno al bosque de Chandelais, uno de los más exuberantes de la región. El rey René hizo construir aquí un gran edificio que utilizaba como pabellón de caza. Iglesias con campanarios torcidos, casas solariegas y castillos adornan el campo, mientras que el casco antiguo, una «Petite Cité de Caractère» (pequeña ciudad con carácter), ofrece un elegante ballet de fachadas catalogadas, balcones de hierro forjado, buhardillas esculpidas y tejados de pizarra. En verano, no te pierdas las divertidas visitas teatralizadas de la ciudad. Por último, pero no por ello menos importante, recorre la vía verde local: un carril bici de cincuenta kilómetros que sigue el trazado de una antigua línea de ferrocarril.

■ **OFICINA DE TURISMO DE BAUGEOIS-VALLÉE-EN-ANJOU**
Place de l'Europe
✆ 02 41 89 18 07
Para disfrutar al máximo del Pays Baugeois y no perderse ninguna buena idea, tienes a tu disposición un equipo dinámico que hará todo lo posible para informarte sobre todos los tipos de alojamiento, eventos, espectáculos y actividades deportivas para grandes y pequeños. Dispone de mapas de senderos señalizados a disposición de senderistas y ciclistas, que también pueden alquilar bicicletas para visitar los espacios naturales y los monumentos de esta espléndida región.

■ CASTILLO Y FARMACIA DE BAUGÉ ⭐⭐

Place de l'Europe
☎ 02 41 84 00 74
www.chateau-bauge.fr
Taquilla en el Hôtel-Dieu, en la calle Anne de Melun.

Este conjunto histórico se compone de dos partes distintas separadas por tan solo unas decenas de metros: un castillo y un hôtel-Dieu (hospital de caridad) con una magnífica farmacia. En el siglo XV, el primero era el pabellón de caza del rey René, que lo mandó construir sobre unas ruinas del siglo XI. Entra en este lugar de ocio del Buen Rey y conocerás a los distintos personajes que dejaron su impronta en la historia de esta finca y de la región. Una proyección, seguida de un espectáculo, ilustra la caballerosidad y el amor cortés que practicaban los miembros de la dinastía de Anjou. El dormitorio del rey René, punto culminante de la visita, ha sido reconstruido a partir de documentos de época.

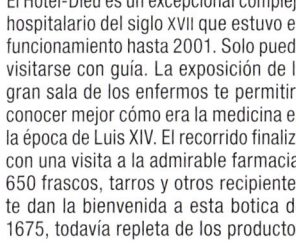

El Hôtel-Dieu es un excepcional complejo hospitalario del siglo XVII que estuvo en funcionamiento hasta 2001. Solo puede visitarse con guía. La exposición de la gran sala de los enfermos te permitirá conocer mejor cómo era la medicina en la época de Luis XIV. El recorrido finaliza con una visita a la admirable farmacia: 650 frascos, tarros y otros recipientes te dan la bienvenida a esta botica de 1675, todavía repleta de los productos de antaño y verdadero testimonio de un periodo crucial en el desarrollo de la medicina.

No te pierdas la capilla barroca con su doble coro, así como parte de los edificios del convento.

■ CAMPANARIOS TORCIDOS

Iglesia de Saint-Symphorien, en el casco antiguo
Pont Godeau

En los alrededores de Baugé, los campanarios torcidos despiertan la curiosidad de los visitantes. Estas agujas de iglesia sorprendentemente retorcidas son tan

DE CIUDAD EN CIUDAD

© FRANCISCO JAVIER GIL - SHUTTERSTOCK.COM

Castillo y farmacia de Baugé.

intrigantes como fascinantes. Aunque a veces la torsión parece accidental, a menudo es el resultado de una atrevida técnica medieval o de una madera cuidadosamente trabajada. Estas estructuras, emblemáticas del patrimonio rural local otorgan un encanto único a los pueblos de los alrededores. Cada campanario tiene su propia historia y divertidas anécdotas para explicar el fenómeno. ¡Es una diversión insólita y cautivadora!

■ CRUZ DE ANJOU

Comunidad de las Hijas del Corazón de María
Girouardière, 8
℄ 02 41 89 75 49

Uno de los tesoros más bellos de Baugé se encuentra, desde 1740, en la capilla del Girouardière: la «verdadera» cruz de Anjou, ricamente decorada con piedras preciosas. Se dice que es un fragmento de la cruz de Cristo traído desde Tierra Santa en 1244 por un cruzado baugeano. Un siglo más tarde, la reliquia fue decorada con piedras preciosas por los orfebres del rey Carlos V.

Esta cruz cristiana, a la que se añadió una pequeña cruz superior que representaba el signo que Poncio Pilato supuestamente había colocado sobre Cristo («Jesús de Nazaret, rey de los judíos»), se convirtió en el famoso emblema de los duques de Lorena en tiempos del rey René. Es también un símbolo conocido de la liberación de Francia, la cruz de Lorena que los aviadores y marineros de la Francia libre llevaban en sus uniformes. Esta reliquia fue adquirida por Anne de la Girouardière, fundadora de la congregación de las Hijas del Corazón de María. Es un verdadero símbolo de la historia de Francia.

■ BOSQUE COMUNAL DE CHANDELAIS

Carretera Departemental 58
Carrefour du Roi-René
℄ 02 41 89 18 07
www.anjou-tourisme.com

Antaño coto de caza del rey René, este bosque ocupa una impresionante superficie de 1034 hectáreas. Está compuesto por majestuosos robles, elegantes hayas y algunos de los árboles más notables de Anjou, y con el paso de las estaciones se transforma en una paleta de cautivadores colores. Los ochenta kilómetros de senderos señalizados, perfectos para practicar senderismo, bicicleta de montaña o equitación, te llevarán a descubrir una fauna discreta y una flora variada.

Brissac-Quincé

Brissac-Loire-Aubance es un municipio nacido de la fusión de diez poblaciones contiguas, cuya capital, Brissac-Quincé, da nombre a toda la zona. El Aubance es el río que la atraviesa. El resultado es un municipio ecléctico, muy representativo de la región de Anjou. Mientras que la franja norte forma parte de la zona del valle de Loira (Patrimonio Mundial de la Unesco), al sur encontrarás numerosos refugios trogloditas, ¡así como dólmenes por todas partes! Es un lugar sorprendente donde la viticultura no tiene nada que envidiar a otros lugares de Francia, ya que aquí se producen los vinos de las denominaciones Anjou-villages y Coteaux-de-l'Aubance.

El castillo, uno de los más altos de Francia, es solo uno de los atractivos de esta localidad emplazada en el corazón de la región vinícola. Tómate tu tiempo para explorar los molinos, los viñedos y la capilla subterránea a pie o en bicicleta… ¡o contempla la ciudad a vista de pájaro desde un globo aerostático! Casi todos los veranos, los turistas del aire reúnen sus coloridos globos a los pies del castillo. Pero otras fiestas jalonan el año, como la Rillaudée, que se celebra el primer domingo de julio (imprescindible si quieres degustar los mejores platos locales), o Saint-Maurice, la feria del ajo, la cebolla y la oca que tiene lugar a finales de septiembre. En verano, también puedes descubrir la ciudad con un paseo teatralizado.

■ **CASTILLO DE BRISSAC** ⭐⭐
Jeanne Say, 1
☎ 02 41 91 22 21
Véase página 17.

Fontevraud

Situado a dieciocho kilómetros de Saumur y a ochenta de Angers, en Fontevraud se halla el panteón de los Plantagenet. Fontevraud tiene un nombre cargado de historia sobre el que planea la leyenda de los grandes reyes de Anjou y de Inglaterra. Leonor de Aquitania, Enrique II Plantagenet, Ricardo Corazón de León… La emoción es muy real cuando se visita la abadía Real, que alberga sus famosas estatuas yacentes y da a la historia toda su realidad. El pueblo es rico en monumentos, y entre los edificios que merecen una visita están la iglesia de Saint-Michel, la fuente Saint-Mainbœuf, la capilla de Notre-Dame-de-Pitié y el lavadero des Roches.

■ **ABADÍA REAL DE FONTEVRAUD** ⭐⭐⭐⭐
☎ 02 41 51 73 52
www.fontevraud.fr

Emplazada en el corazón del Parque Natural Regional del Loira-Anjou-Turena, la Abadía Real de Fontevraud está inscrita en la lista del Patrimonio Mundial de la Unesco desde el año 2000. Fontevraud fue la última morada de Leonor de Aquitania y alberga los restos yacentes de esta reina de Francia y luego de Inglaterra, junto a los de Enrique II Plantagenet y Ricardo Corazón de León. En la ruta hacia los castillos del valle del Loira, el monasterio medieval más grande y elegante de Francia bien merece una visita. A lo largo de sus trece hectáreas, el visitante se adentra en la historia y la arquitectura del lugar, que tiene su origen como un monasterio —adelantado a su tiempo— que fue dirigido por treinta y seis abadesas a lo largo de más de seis siglos. Las monjas se vieron obligadas a abandonar la abadía tras la Revolución Francesa y, como muchos otros edificios religiosos, esta abadía se convirtió en prisión.

© YURI TURKOV – SHUTTERSTOCK.COM

Abadía de Fontevraud.

Aunque fue incluida en la lista original de monumentos históricos en 1840, y por el mismísimo escritor Prosper Mérimée, siguió siendo una prisión hasta 1963. Más de dos mil personas fueron encarceladas allí, y estaba considerada como una de las prisiones más duras de Francia. Y sin duda la más poética: era apodada «la cárcel de las 1001 ventanas y puertas» por sus numerosos arcos y vidrieras.

Puedes optar por un recorrido a través de los lugares imprescindibles con una visita guiada o con audioguía. Adéntrate en este verdadero laberinto arquitectónico desde la iglesia abacial, cuyo elegante coro, de dimensiones impresionantes, marca el apogeo del arte románico; detente ante las figuras yacentes de los reyes de Inglaterra y pasea por la cripta arqueológica, que te sumerge en el pasado y explica los orígenes del lugar. En cuanto al claustro del Grand-Moûtier, ha conservado sus dimensiones originales y es, sencillamente, una de las edificaciones de este tipo más grandes de Europa. Explorando este extraño edificio también te divertirás, sobre todo con «las cocinas románicas», cuyo tejado, como cubierto de escamas, y las chimeneas, siguen desconcertando a historiadores y arquitectos. Fontevraud es una ciudad de creatividad, lugar de vida y de encuentro, y sede de instalaciones artísticas.

Fontevraud también alberga un joven museo de arte moderno, un hotel de 4 estrellas con una estrella Michelin y un restaurante gastronómico dirigido por el chef Thibault Ruggeri.

■ **FONTEVRAUD, MUSEO DE ARTE MODERNO**
℅ 02 41 51 73 52
www.fontevraud.fr

Situado en el edificio de la Fannerie, el Museo de Arte Moderno alberga más de ochocientas obras procedentes de una donación excepcional de Martine y Léon Cligman. Reúne pinturas, dibujos y esculturas de diferentes culturas, épocas y autores, como Toulouse-Lautrec, Edgar Degas, Maurice de Vlaminck, Albert Marquet y Robert Delaunay, así como antigüedades y objetos procedentes de varios continentes. Su original escenografía invita a los visitantes a mezclar y combinar, yuxtaponer y contrastar.

■ **FÁBRICA DE JABÓN MARTIN DE CANDRE**
Jabonería Martin de Candre
Domaine de Mestré
℅ 02 41 51 75 87
www.martin-de-candre.com
En la carretera D-947, entre Fontevraud y Montsoreau.

Empuja la puerta de esta encantadora tienda familiar, galardonada con la etiqueta de Val de Loire Patrimonio Mundial. Es una de las pocas fábricas de jabón que elabora su propia saponificación a la antigua usanza. En 2024 celebró su 50.º aniversario, medio siglo de maestría artesanal. Para la ocasión, se crearon dos nuevas fragancias de jabón de afeitar: Absinthe y Magellan. No dudes en dar un paseo por el museo y por la tienda de la exposición.

Montreuil-Bellay

Situada a quince kilómetros al sur de Saumur, a orillas del río Thouet, entre viñedos, bosques y campos de cereales, la ciudad de Montreuil-Bellay es un punto de parada privilegiado en la ruta de los castillos del Loira. Se halla en una encrucijada de caminos entre Anjou, Turena y

© PECGLD - SHUTTERSTOCK.COM

DE CIUDAD EN CIUDAD

Colegiata de Notre-Dame.

Poitou, y es la última villa amurallada de Anjou. Aunque los menhires atestiguan una presencia humana en la región que se remonta al Neolítico, la historia de la ciudad comenzó a tomar forma a principios del siglo XI. Hacia 1025, Foulque Nerra, conde de Anjou, decidió construir una gran ciudadela sobre los cimientos de un *oppidum* romano. Durante el Renacimiento, la fortaleza militar, con fama de inexpugnable, se enriqueció con un palacio —el Château Neuf— de elegancia italiana. El conjunto, construido sobre un promontorio rocoso que domina el Thouet, ofrece unas vistas panorámicas inigualables sobre el valle. También es muy agradable pasear por el casco antiguo, rodeado de murallas y con sinuosas calles llenas de flores, bajar hasta el río y descubrir el rico patrimonio arquitectónico de la ciudad: diez siglos de historia esculpida en piedra toba por la mano del hombre.

■ CASTILLO DE MONTREUIL-BELLAY
Place des Ormeaux
℗ 02 41 52 33 06
Véase página 18.

■ COLEGIATA DE NOTRE-DAME
Ermites, 40; ℗ 02 41 40 31 10
notredamedubellay.diocese49.org
La entrada se halla a la derecha del castillo.
Antigua capilla del castillo, la colegiata se encuentra dentro de sus murallas, pero se accede por un puente. Es uno de los edificios religiosos más prestigiosos del siglo XV en Anjou, característico del estilo gótico angevino. La iglesia está compuesta por una nave de 44 metros de largo y 12 de ancho, con una bóveda de 18 metros de altura. Hay un oratorio desde el que el señor feudal asistía a los servicios con total discreción. Esta iglesia está clasificada como Monumento Histórico desde 1907.

Montsoreau

Situado a medio camino entre Angers y Tours, el pueblo de Montsoreau marca la frontera entre Maine y Loira y Turena. Se extiende entre el río y la ladera, alrededor de su castillo, y está clasificado entre los pueblos más bellos de Francia, además de formar parte de los *Villages de Charme* (los pueblos con encanto) de Anjou. El castillo goza de una ubicación excepcional: ¡está casi en el agua! Es la única fortaleza del Loira que está situada tan cerca del río: solo un estrecho camino los separa.

Montsoreau jugó un papel importante en la vida económica de Anjou hasta el siglo XIX, gracias a su imponente fortaleza, una próspera actividad pesquera y las cavas trogloditas dedicadas al cultivo de setas. Pero la ciudad debe su fama, sobre todo, a Alexandre Dumas padre y a su famosa novela *La dama de Montsoreau,* que cuenta la historia de un amor adúltero entre Françoise de Maridor, esposa del conde de Montsoreau, y Bussy d'Amboise, gobernador de Anjou bajo Luis XIII. La historia termina trágicamente con el asesinato de Bussy. El pueblo ha mantenido la imagen romántica de estos amores míticos. Y un paseo al azar por sus calles empinadas y floridas, que dominan el río, resulta una experiencia encantadora.

■ CASTILLO DE MONTSOREAU- MUSEO DE ARTE CONTEMPORÁNEO

Pasage del Marqués de Geoffre
℡ 02 41 67 12 60
www.chateau-montsoreau.com
Construido hacia 1450 en el cauce del Loira por Jean II de Chambes, consejero de Carlos VII y Luis XI y socio de Jacques Cœur, el castillo de Montsoreau es un espectáculo de arquitectura gótico-renacentista. Es el primer castillo renacentista de Francia y el único del Loira construido en el lecho del río, sobre el monte Soreau, a dos pasos de la confluencia del Vienne con el Loira, en la encrucijada de Anjou, Poitou y Turena. Más de 150 años después de que Alejandro Dumas escribiera *La dama*

El Loira a su paso por Montsoreau. Parque Natural Regional del Loira-Anjou-Touraine.

Castillo de Montsoreau.

de Montsoreau, el coleccionista de arte Philippe Méaille cayó bajo su hechizo… Tomó la iniciativa de crear un museo de arte contemporáneo que dispone de una arquitectura y unos espacios de exposición excepcionales. Es un espacio para el arte radical y comprometido, un templo del arte conceptual, asociado a un programa cultural que refleja la expresión creativa de algunos de los artistas actuales. Innovadoras, experimentales, apasionantes para algunos, desconcertantes, incomprensibles, cuestionables para otros, siempre inesperadas, las obras que se presentan en las vastas salas del castillo no dejan indiferente a nadie.

El Château de Montsoreau – Musée d'Art Contemporain exhibe la mayor colección del mundo de obras del movimiento Art & Langage, un colectivo artístico fundado en el Reino Unido a finales de los años 1960. Acoge dos o tres exposiciones temporales al año, así como conferencias.

■ **CASA DEL PARQUE LOIRA-ANJOU-TURENA**
Avenue de la Loire, 15
☎ 02 41 38 38 88
www.parc-loire-anjou-touraine.fr
Esta casa está dedicada a la historia y la biodiversidad del Parque Natural Regional Loira-Anjou-Turena, de 250 hectáreas. El espacio escénico ofrece herramientas pedagógicas y actividades lúdicas que te ayudarán a comprender cómo el hombre ha modelado los paisajes de la región. Encontrarás mapas y fichas sobre senderos señalizados, ríos, puntos para la observación de aves, rutas patrimoniales, etc. También organizan eventos y exposiciones temporales.

■ **LE SAUT AUX LOUPS** ⭐
Carretera de Saumur
☎ 02 41 51 70 30
www.troglo-sautauxloups.com
Aquí podrás adentrarse en las dos hectáreas de galerías subterráneas de toba excavadas en la Edad Media para

Le Saut Aux Loups.

conocer cómo los trabajadores extraían la piedra en aquella época. Aunque el aspecto geológico del yacimiento está bien explicado, lo que atrae aquí a más visitantes es el cultivo de setas, y con razón, ya que el laboratorio y las distintas galerías cuentan toda la historia de esta actividad económica desde el pasado hasta nuestros días. Aprenderás todo sobre los champiñones botón, las gírgolas, las setas de pie azul y las setas shiitake. No olvides tu jersey, incluso en verano, ya que la temperatura en el interior es de solo 13 °C.

Saumur ⭐⭐⭐

Situado en lo alto de la ciudad, el castillo de Saumur domina el conjunto urbano con toda su estatura y elegancia. Tanto de día como de noche, no dejes de contemplar esta magnífica estampa que te transportará al corazón de la Edad Media y te evocará, por unos instantes, el universo de *La Bella Durmiente*.

Construido en el siglo XIV para los duques de Anjou, fue sucesivamente residencia de los gobernadores de la ciudad, prisión, depósito de armas y almacén de municiones.

Pero la ciudad es más conocida por su tradición ecuestre, instaurada por Luis XV en 1763 para formar a los oficiales de caballería franceses. Hoy en día, el Cadre Noir perpetúa esta tradición. Pero Saumur es también una ciudad cargada de historia arquitectónica. Se debe recorrer a pie para apreciar, al doblar una callejuela o bajo el arco de un portal, magníficas mansiones. Las más antiguas tienen entramado de madera, mientras que las del siglo XVIII presentan torrecillas.

Pasea sin rumbo fijo, con la mirada alzada, para descubrir el casco antiguo y las pequeñas joyas de la burguesía saumuroise. Incluso los niños disfrutarán de la visita, combinando el paseo con el juego propuesto por la oficina de turismo.

■ OFICINA DE TURISMO DE SAUMUR-VAL DE LOIRE

Quai Carnot, 8 bis
© 02 41 40 20 60
www.ot-saumur.fr

Aquí el personal está especialmente bien informado sobre las numerosas actividades que pueden realizarse a lo largo del año y sobre los próximos eventos. No dudes en solicitar asesoramiento y documentación. También puedes reservar directamente alojamiento, coche, taxis y entradas con tarifa preferente, e incluso fines de semana y escapadas organizadas o visitas guiadas… ¡También hay consigna de equipajes para que no tengas que preocuparse por nada!

■ CENTRO DE ARTE CONTEMPORÁNEO BOUVET LADUBAY ⭐

Jean Ackerman, 26
Saint-Hilaire-Saint-Florent
© 02 41 83 83 83
https://centredart-bouvet-ladubay.fr

Situado frente a las bodegas Bouvet Ladubay, a cinco minutos del centro de Saumur.

Bouvet-Ladubay lleva más de treinta años promoviendo el arte contemporáneo y de vanguardia. En un antiguo establo, han creado un centro de arte de ochocientos metros cuadrados y nueve salas. Este espacio programa cada año exposiciones temporales, que a lo largo de los años han acogido a algunos de los nombres más importantes de la escena internacional, como Basquiat, Grau-Garriga o François Morellet.

■ CAPILLA REAL DE NOTRE-DAME-DES-ARDILLIERS ⭐

Place Notre-Dame-des-Ardilliers
© 02 41 83 30 31

Esta iglesia fue construida en el siglo XVII y declarada *Chapelle Royale* tras el descubrimiento, en el siglo XV, de una *pietà* de piedra cerca de un manantial con fama de curativa. En aquella época estaba acompañada por una escuela de

© FOTOLIUK1983 - ISTOCKPHOTO

DE CIUDAD EN CIUDAD

Saumur.

© NADINE DE FARCY

Vista del castillo de Saumur.

teología y era un importante lugar de peregrinación mariana en Francia, lo que propició el desarrollo de la industria de rosarios y medallas en la ciudad. Hoy, la iglesia se alza orgullosa a orillas del Loira, con una de las cúpulas más grandes de Francia junto a la de los Inválidos en París.

■ CASTILLO DE SAUMUR ★★★
Montée du Fort
✆ 02 41 40 24 40
www.chateau-saumur.fr
Símbolo emblemático de Saumur y Patrimonio Mundial de la Unesco, el castillo-museo de Saumur domina la ciudad, el Loira y su valle. Este palacio-castillo de los duques de Anjou fue construido en los siglos XIV y XV, y es uno de los últimos grandes edificios principescos de la dinastía Valois. El rey René, figura capital de la historia de Anjou, se alojaba aquí con regularidad hasta su muerte en 1480, y por la misma época el castillo fue representado en una famosa miniatura de *Las muy ricas horas del duque de Berry,* lo que da a

los historiadores una idea de su aspecto e importancia. A partir del siglo XVI albergó a una sucesión de gobernadores. Después se transformó en prisión, donde se recluyó a los marineros británicos tras la guerra de Independencia de Estados Unidos, en contra de la opinión de la marina británica. Bajo la Restauración, se convirtió en depósito de armas, antes de ser declarado Monumento Histórico en 1862. En la actualidad, el castillo alberga un museo muy bien dotado: la primera planta está dedicada a las artes decorativas y a exposiciones temporales; en la segunda planta destaca un espacio dedicado a los arreos de caballos.

▶ El castillo alberga el **Museo de Artes Decorativas y del Caballo.** Aquí podrás admirar una de las mejores colecciones de loza del país, algunos tapices notables (de los siglos XV al XVIII) y un espacio dedicado a los arreos de caballos, con piezas ecuestres antiguas, grabados, trabajos veterinarios y de herraje.

▶ **Organizan numerosos eventos y actividades,** especialmente en verano para los jóvenes visitantes, como exposiciones temporales, un *escape game,* cine al aire libre…

■ DESTILERÍA COMBIER

Beaurepaire, 48
✆ 02 41 40 23 02
www.combier.fr

Esta destilería produce sus famosos Original, Triple Sec y otras innovaciones desde hace 190 años. No te pierdas la visita, que te mostrará cómo se destilan los distintos aguardientes en los alambiques. Descubrirás qué naranjas se utilizan y cómo se emplean, antes de continuar con una cata con pipeta de una docena de espirituosos. En la tienda encontrarás una amplia gama de productos: siropes de sabores variados (tiramisú, tofe, *macadamia*…), Guignolet d'Anjou, absentas, especias, preparados culinarios, etc.

■ DOLMEN DE BAGNEUX

Dolmen, 56. Bagneux
✆ 02 41 52 23 02
www.ledolmendebagneux.com

Estas pesadas piedras de la región de Saumur datan de hace más de cinco mil años. Antigua cámara funeraria declarada Monumento Histórico por Prosper Mérimée, el dolmen sigue siendo tan impresionante como debió serlo en su época. Es uno de los monumentos megalíticos más importantes de Europa por su tamaño y estado de conservación. Paneles explicativos y una exposición de herramientas prehistóricas completan esta inmersión en la historia. También puedes reservar una visita guiada.

■ IGLESIA DE NUESTRA SEÑORA DE NANTILLY ⭐

www.ot-saumur.fr

Construida a principios del siglo XII, fue la única iglesia parroquial de la localidad hasta la Revolución Francesa. Es de estilo románico pero tiene una nave gótica encargada por Luis XI, que hizo construir un oratorio con un vano ojival sostenido por una columna para mostrar su devoción a la Virgen. La nave románica, excepcionalmente amplia, está sostenida por columnas decoradas con

Iglesia de Nuestra Señora de Nantilly.

© NADINE DE FARCY

Vista del río Loira desde el castillo de Saumur.

dragones, quimeras y follajes. Puedes admirar la colección de veintiún tapices de los siglos XVI y XVII.

■ HEMISPHERE – ART ET FINES BULLES

Tonnelle, 25; ℰ 02 41 51 16 88
Louis de Grenelle, la última casa vinícola familiar de la región de Saumur, ofrece el placer del vino espumoso combinado con la creatividad. Este espacio artístico y enológico permite una experiencia única que combina arte y degustación de finas burbujas. Situado en pleno centro de la ciudad, el acogedor local alberga exposiciones de diversos artistas que se renuevan cada dos o tres meses, y ofrece la posibilidad de degustar las diferentes *cuvées* de la casa en un ambiente cálido y creativo.

■ LANGLOIS

Léopold-Palustre, 3
Saint-Hilaire – Saint-Florent
ℰ 02 41 40 21 40
www.langlois-cremantdeloire.fr

Establecido desde 1885, Langlois-Château ha optado por gestionar sus propios viñedos (¡ecológicos desde 2020!) y tener el control absoluto de sus vinos. El lugar ofrece a los visitantes la oportunidad de descubrir los secretos de la elaboración del vino en cuatro actos: primero, una introducción a la enología en la escuela del vino, luego una visita a la bodega con sus prensas y sala de cubas para vinos blancos y tintos, seguida de una visita a las bodegas subterráneas. Por último, hay una cata de vinos guiada. También puedes disfrutar de un paseo en coche de caballos por los viñedos.

■ CASA LOUIS DE GRENELLE

Marceau, 839
ℰ 02 41 50 23 21
www.louisdegrenelle.fr
Situadas a doce metros bajo tierra en el corazón de Saumur, estas bodegas elaboran Crémant de Loire y Brut Saumur desde 1859, en la más pura tradición. En esta antigua cantera de toba, excavada en el siglo XV, podrás descubrir

los secretos del método tradicional. La visita guiada va seguida de una degustación personalizada comentada. La casa también ha abierto una galería de arte en el centro de Saumur, Hémisphère, donde podrás comprar y degustar la rica gama de vinos del lugar. Previa reserva, atrévete con el *escape game* en la bodega o con el juego de investigación en la galería.

■ MUSEO DE LA CABALLERÍA
Place Charles-de-Foucauld
☎ 02 41 83 69 23
www.musee-cavalerie.fr
Este museo se encuentra en las antiguas caballerizas del Cadre Noir. A través de pinturas y esculturas, revive las batallas en las que la caballería francesa se ha distinguido a lo largo de los siglos, desde la guerra de los Cien Años hasta la actualidad. Los objetos de época son los que atraerán más tu atención: cuchillos y armas de fuego, pero también armaduras y uniformes, cascos antiguos y *kepis*…

algunos de los cuales han sido aparentemente utilizados, como demuestran los impactos de bala o de proyectil. Hermosas reproducciones de caballos completan la visita.

■ MUSEO DE VEHÍCULOS BLINDADOS
Route de Fontevraud, 1043
☎ 02 41 83 69 95
www.museedesblindes.fr
Este museo conserva meticulosamente una colección única de vehículos blindados y vehículos militares simbólicos de las dos guerras mundiales. Se exponen al público 800 vehículos, 200 de ellos en perfecto estado de funcionamiento: blindados franceses, alemanes, británicos, estadounidenses y rusos. Las doce salas de exposición revelan la historia del siglo XX. Los visitantes se dan cuenta rápidamente del increíble trabajo realizado por los mecánicos que restauran con pasión estos equipos de otra época.

DE CIUDAD EN CIUDAD

© MAURIZIO FABBRONI - SHUTTERSTOCK.COM

Museo de Vehículos Blindados.

Museo de la Seta.

■ MUSEO DE LA SETA ⭐

Route de Gennes

℅ 02 41 50 31 55

www.musee-du-champignon.com

Desde la autopista A-11, toma la carretera A-85 en dirección a Saumur, y en la A-85, la salida 3. Después, en la A-87, la salida 26 en dirección a Saumur. Desde Saumur sigue hacia Gennes Saint-Hilaire-Saint-Florent por la D-751.

Una visita a este museo te enseñará todo lo que necesitas saber sobre el *Ganoderma lucidum* o la «melena de león». En el corazón de las galerías de roca toba (la temperatura es fresca, así que tráete un jersey), descubre cómo se cultivaba esta granja de setas y visita la vivienda troglodita, que esconde todo tipo de objetos con forma de… ¡setas! Da una vuelta por el museo, donde unas quinientas especies, tanto inofensivas como temibles, comparten protagonismo. El programa incluye también degustación y venta de setas frescas.

■ PARQUE EN MINIATURA PIEDRA Y LUZ ⭐

Route de Gennes

Saint-Hilaire-Saint-Florent

℅ 02 41 50 70 04

www.pierre-et-lumiere.com

Desde la autopista A-11, toma la carretera A-85 en dirección a Saumur, y en la A-85, la salida 3. Después, en la A-87, la salida 26 en dirección a Saumur. Desde Saumur, sigue hasta Gennes Saint-Hilaire-Saint-Florent por la D-751.

Bienvenido a este museo, tan insólito como encantador, tallado en las galerías de piedra toba. En su marco de piedra, realzado por magníficas iluminaciones, podrás contemplar la obra de Philippe Cormand: fieles reproducciones en miniatura de los principales lugares turísticos del valle del Loira. El artista las ha esculpido, a menudo en la misma pared, con gran minuciosidad: una habilidad magnífica y una paciencia insondable, ya que ha necesitado casi tres años para lograr este resultado.

INFO PRÁCTICA

Barcos tradicionales en el Loira, en Tours.
© ALEXANDRE BLOND

INFO PRÁCTICA

CÓMO LLEGAR

Desde España, la mejor opción para llegar al valle del Loira es viajar a París y, desde allí subirse al TGV con dirección a cualquiera de las grandes ciudades del valle: Tours (75 minutos), Angers (90 minutos), Saumur (2 horas) o Blois (90 minutos). También se puede volar desde Oporto o Marsella hasta el aeropuerto de Tours-Val de Loire.

de Turena pueden volar a Francia o al extranjero desde Tours Nord, sin tener que pasar por otra gran ciudad. Hoy en día, aunque ecológicamente sea preferible utilizar otros medios de transporte, se puede volar directamente a Londres, Marrakech, Marsella, Oporto con vuelos regulares. En temporada alta, también se programan vuelos chárter a España.

En avión

■ **AEROPUERTO DE TOURS-VAL DE LOIRE**
Rue de l'Aéroport, 40
Tours
✆ 02 47 49 37 00
www.tours.aeroport.fr
information@tours.aeroport.fr
Desde hace ya muchos años (1960), los habitantes de la antigua provincia

En tren

■ **ESTACIÓN DE ANGERS SAINT-LAUD**
Avenue Denis-Papin
Angers
✆ 02 41 86 41 24
https://gares-sncf.com/fr/gare/fracl/
angers-saint-laud
Con líneas nacionales y regionales, acoge el TGV Atlantique entre Nantes y París

© ALEXANDRE BLOND

Tranvía de Tours.

Montparnasse. El TER también llega a Trélazé. Puedes llegar fácilmente al centro de la ciudad en tranvía. Mientras esperas el tren, dispondrás de wifi gratuito.

Puerta de entrada a Angers si llegas en tren, esta estación merece una visita, aunque solo sea por su diseño arquitectónico, todo cristal y luz.

© ALEXANDRE BLOND

■ ESTACIÓN SNCF DE TOURS
Place du Général-Lecler, Tours
℡ 08 92 36 35 35
www.sncf-connect.com
www.ter-sncf.com/centre
tours@gares-sncf.com
Hay conexiones de alta velocidad París-Tours, que tardan aproximadamente unos 75 minutos. Además, los trenes regionales conectan la ciudad con otros destinos de la región Centro. A la salida encontrarás taxis, el tranvía y una decena de líneas de autobús, sin olvidar la estación de autobuses y sus autocares Rémi. También puedes llegar a Tours desde la estación de tren de Saint-Pierre-des-Corps, a 5 minutos en lanzadera SNCF, autobús o taxi.

Ubicada en un magnífico edificio del siglo XIX diseñado por Victor Laloux, la estación de Tours ofrece una amplia gama de servicios: taquillas, máquinas expendedoras de billetes, prensa, *snacks,* agencia de alquiler Avis…

■ ESTACIÓN SNCF DE BLOIS
Place de la Gare, Blois
Desde París, tardarás aproximadamente dos horas en llegar al centro de la ciudad de Blois en alta velocidad. El Tren Express Regional ofrece conexiones con las principales ciudades de la región. El Interloire garantiza el acceso a Nantes, Burdeos, etc.

Globo aerostático en Chaumont-sur-Loire.

■ ESTACIÓN SNCF DE ORLEANS
Avenue de Paris
Orleans
℡ 08 00 83 59 23
www.garesetconnexions.sncf/fr/gare/frafk/orleans
Cada hora hay trenes TER desde París, que tardan alrededor de una hora y media. Los trenes salen de la estación de Austerlitz aproximadamente cada hora. Desde Orleans hay trenes a Tours, Nantes, Bourges y Châteauroux.

La estación original, construida en el año 1843, fue sustituida por una arquitectura moderna y estéticamente agradable a principios de la década de 2000, pero las corrientes de aire se están colando. Oculta por incongruentes bloques de hormigón a causa de las oficinas y un centro comercial, es un ejemplo flagrante de fracaso medioambiental. ¡Una verdadera pena!

INFO PRÁCTICA

ORGANIZAR EL VIAJE

Dinero

▶ **Moneda:** euro.

▶ **Coste de la vida:** en general, el coste de la vida en Francia es más alto que en España. Esto es especialmente cierto en las grandes ciudades y los destinos turísticos más populares del valle del Loira, donde los precios son elevados. Estos bajan considerablemente en el interior y en las localidades más pequeñas.

▶ **Medios de pago:** como Francia es un país de la eurozona, puedes retirar y pagar con tarjeta bancaria (Visa, MasterCard, etc.) igual que en España. No necesitas llevar grandes cantidades de efectivo. Todos tus pagos se pueden realizar con tarjeta o directamente desde tu móvil.

▶ **Propinas:** en teoría, el servicio está incluido en la cuenta. Sin embargo, es costumbre dejar una pequeña propina, como en España, sobre todo si el servicio fue satisfactorio.

Equipaje

El clima en el valle del Loira podría compararse con las zonas de interior de Galicia o con el occidente de Castilla y León, que se caracterizan por inviernos suaves y veranos templados, con medias de 18-22 °C. En verano, conviene llevar ropa ligera y calzado cómodo para pasear y caminar. Por las noches puede refrescar, por lo que nunca está de más una rebequita o una chaqueta fina. El resto del año conviene abrigarse y estar prevenido para la lluvia, con paraguas o ropa impermeable.

Electricidad

Francia utiliza 220 voltios, por lo que no se necesita adaptador. Además, emplea

© PLACK – STOCK.ADOBE.COM

Beaugency.

QUÉ HACER / QUÉ NO HACER

Qué hacer

▶ **Visitar** los castillos del valle y recorrer con calma sus jardines y parques históricos.

▶ **Degustar** los vinos de la región y las especialidades locales en mercados y pequeños restaurantes.

▶ **Explorar** la ribera del Loira a pie o en bicicleta para descubrir viñedos, pueblos y paisajes fluviales.

Qué no hacer

▶ **Viajar** en temporada alta sin reservar entradas y alojamiento con antelación.

▶ **Subestimar** la variabilidad del clima y no prever ropa adecuada o protección frente a la lluvia.

▶ **Limitarse** a las grandes ciudades sin adentrarse en los pueblos y la campiña.

INFO PRÁCTICA

el mismo sistema métrico que el resto de la Europa continental.

Formalidades

Para los ciudadanos de la UE, un documento de identidad es suficiente para entrar en Francia.

Idiomas

El francés es el idioma oficial de la República Francesa. Se utiliza en la administración, la educación, los medios de comunicación y la vida pública.

Cuándo ir

El valle del Loira se visita mejor en primavera y principios de otoño. Entre abril y junio, el clima es templado, los jardines de los castillos están en plena floración y hay menos visitantes, lo que permite recorrer con calma palacios, viñedos y pueblos ribereños. El verano ofrece días largos y luminosos, ideales para el turismo cultural y las actividades al aire libre, pero registra una mayor afluencia y episodios de calor moderado. En septiembre y octubre, la región recupera su serenidad con temperaturas suaves y paisajes marcados por la vendimia y los colores del otoño. El invierno es más tranquilo y algunos monumentos reducen horarios y servicios.

Salud

Es poco probable que tengas problemas de salud al viajar a Francia. Sin embargo, asegúrate de tener tus vacunas al día.

Seguridad

▶ **Viajero con discapacidad:** numerosos castillos, museos y espacios culturales del valle del Loira cuentan con accesos adaptados, especialmente en ciudades como Tours y Orleans y en los principales monumentos. No obstante, algunos edificios históricos pueden presentar limitaciones estructurales. Se recomienda verificar con antelación la accesibilidad de alojamientos, transportes y visitas.

▶ **Viajero gay o lesbiana:** el valle del Loira es en general una región acogedora y respetuosa, particularmente en las áreas urbanas y turísticas. Las ciudades principales ofrecen un entorno abierto y diversos eventos culturales donde la comunidad LGBTQ+ es bienvenida.

▶ **Viajero con niños:** la región propone numerosas actividades familiares, como visitas a castillos emblemáticos, como los de Chambord y Chenonceau, paseos en bicicleta por itinerarios señalizados y jardines amplios. Las distancias entre localidades son relativamente cortas, lo que facilita los desplazamientos en familia.

▶ **Mujer sola:** viajar sola por el valle del Loira es seguro, especialmente en zonas turísticas y centros urbanos. Como en cualquier destino, se aconseja evitar áreas aisladas durante la noche y mantener las precauciones básicas.

Teléfono

▶ **Prefijo telefónico:** +33.

▶ **Llamar desde España a Francia:** 00 + 33 + indicativo regional sin el cero + las 8 cifras del número local.

▶ **Llamar desde Francia a España:** 00 + 34 + las 9 cifras del número local.

© ALEXANDRE BLOND

Paseo en bicicleta por el Loira. Castillo de Rigny-Ussé.

ÍNDICE DE CONTENIDOS

G

H

I

J

L

M

EDICIÓN

Coordinación de la colección:
ALHENAMEDIA, Stéphan SZEREMETA, Dominique
AUZIAS y Jean-Paul LABOURDETTE
Autores: Baptiste THARREAU, Antoine RICHARD,
Antonio HERNÁNDEZ, Margaux MIRAMON, Elsa
CADIER, Justine PRAITE, Jean-Paul LABOURDETTE,
Dominique AUZIAS y otros
Director editorial: Francisco BARGIELA
Editora: Elena CODINA
Traducción y corrección: Antonio FERNÁNDEZ

DISEÑO Y DIAGRAMACIÓN

Maquetación y montaje: María de los Llanos
ZOTES, Romain AUDREN, Julie BORDES,
Delphine PAGANO
Iconografía y cartografía: Anne DIOT,
Julien DOUCET

AUTORES Y CREADORES DE LA COLECCIÓN

Dominique AUZIAS y JEAN-PAUL LABOURDETTE
© Textos: Dominique AUZIAS y Jean-Paul
LABOURDETTE
© Mapas: Petit Futé
© Edición en español: Alhena Fábrica
de Contenidos y Petit Futé

© Traducción: Alhena Fábrica de Contenidos
y Petit Futé

Editado por **Alhenamedia** conjuntamente con **Les
Nouvelles Éditions de l'Université**, 18, rue des
Volontaires, París, Francia.

Publicado originalmente en francés por Les
Nouvelles Éditions de l'Université bajo el título
Châteaux de la Loire.

■ CARNET DE VIAJE CASTILLOS DEL LOIRA ■

ALHENAMEDIA
C/ Rabassa, 54, local 1. 08024 Barcelona
Tel. +34 934 518 437
alhenamedia@alhenamedia.info
www.alhenamedia.info
Cubierta: *Castillo medieval de Chenonceau.*
© *Elenarts - Shutterstock.com.*
ISBN: 978-84-18086-80-9
Depósito legal: B-5900-2026
Impreso en España por Gráficas Lidergraf

EU Ecolabel
www.ecolabel.eu

EU Ecolabel
PT/053/001

RECOJA Y RECICLE
EL PAPEL USADO

Viñedos cerca de Montsoreau.
© PHB.CZ - FOTOLIA